高等职业教育改革创新教材
职业教育"立交桥"建设系列教材

汽车法规概论

（配习题集）

第3版

林 平 主编

本书依据职业技术院校汽车类专业教学培养目标，在第 2 版的基础上修订而成，主要介绍了汽车使用管理方面的法规。全书共计 12 章，内容包括概论、道路交通安全法、汽车登记、汽车检验、汽车报废与回收、汽车销售管理、二手车流通管理、汽车维修管理、汽车保险、道路交通事故处理、机动车驾驶证管理、道路运输从业人员管理。本书在内容上注重理论联系实际，选择典型案例进行分析，并配套有习题集。书中的"小资料"能扩大相关知识视野，且图文并茂、形象生动。全书内容既保证了系统性、实用性，又考虑到了文字上的深入浅出、通俗易懂。

本书既可以作为职业院校汽车类专业的通用教材，也可作为从事车辆管理相关工作的人员学习汽车法规相关知识的实用工具书。

为方便教学，本书配套教学大纲电子课件、习题答案、课外资料小视频，凡选用本书作为授课教材的教师均可登录 www.cmpedu.com 以教师身份注册、免费下载。

图书在版编目（CIP）数据

汽车法规概论：配习题集/林平主编 . —3 版 . —北京：机械工业出版社，2019.9（2024.9 重印）

高等职业教育改革创新教材　职业教育"立交桥"建设系列教材

ISBN 978-7-111-63707-3

Ⅰ.①汽…　Ⅱ.①林…　Ⅲ.①汽车工业-工业法-中国-高等职业教育-教材②道路交通安全法-中国-高等职业教育-教材　Ⅳ.①D922.292②D922.14

中国版本图书馆 CIP 数据核字（2019）第 201012 号

机械工业出版社（北京市百万庄大街 22 号　邮政编码 100037）
策划编辑：曹新宇　责任编辑：曹新宇　赵　帅
责任校对：炊小云　封面设计：张　静
责任印制：张　博
北京建宏印刷有限公司印刷
2024 年 9 月第 3 版第 11 次印刷
184mm×260mm · 22.75 印张 · 512 千字
标准书号：ISBN 978-7-111-63707-3
定价：59.00 元

电话服务　　　　　　　　　网络服务

客服电话：010-88361066　　机　工　官　网：www.cmpbook.com
　　　　　010-88379833　　机　工　官　博：weibo.com/cmp1952
　　　　　010-68326294　　金　书　网：www.golden-book.com
封底无防伪标均为盗版　　　机工教育服务网：www.cmpedu.com

第 3 版前言

本书第 1 版于 2010 年出版时，我国已经成为世界汽车生产与消费第一大国，汽车产销量连年居世界第一。随着我国汽车保有量的急剧增加，汽车对城市的发展、能源消耗、环境污染等方面产生了深远的影响，对道路交通安全、汽车运行、保险理赔、驾驶培训、汽车维修等使用与管理方面提出了更高的要求。在这种大的背景下，我国相继出台了一系列对汽车消费有重大影响的"生产后"法律法规，因此在 2014 年对本书进行了第 2 版修订。

党的十九大以来的几年，是我国发展进程中极不平凡的几年，我国经济发展进入新常态，已由高速增长阶段转向高质量发展阶段，我国社会主要矛盾已经转化为人民日益增长的美好生活需要和不平衡不充分的发展之间的矛盾。

为贯彻落实中共中央《深化党和国家机构改革方案》和十三届全国人大一次会议审议通过的《关于国务院机构改革方案的决定》，以习近平新时代中国特色社会主义思想为指引，坚持以人民为中心的发展思想，以便民利民惠民为导向，为加快政府职能转变，依法推进简政放权、放管结合、优化服务（简称"放管服"），国务院各部委对因改革影响机构合法性和执法合法性的规章尽快予以了修订，对取消行政审批项目等事项涉及的规章进行了清理和修订。特别是 2016 年以来，我国制定、修订和实施了一系列适合国情、满足人民群众需要的汽车政策，出台了越来越严格的汽车技术法规，不断完善汽车法律法规体系。其中，与本书内容相关的主要有：

——2016 年 3 月 1 日起施行《道路运输车辆技术管理规定》（交通运输部令 2016 年第 1 号）。

——2016 年 3 月 14 日，国务院办公厅印发了《关于促进二手车便利交易的若干意见》（国办发〔2016〕13 号）。

——2016 年 4 月 1 日起施行《公安部关于修改〈机动车驾驶证申领和使用规定〉的决定》（公安部令第 139 号）。

——2016 年 4 月 14 日，交通运输部发布施行《交通运输部关于修改〈机动车维修管理规定〉的决定》（交通运输部令 2016 年第 37 号）。

——2016 年 9 月 19 日，国务院法制办公室公布了《国务院关于修改〈报废汽车回收管理办法〉的决定（征求意见稿）》。

——2017 年 2 月 20 日，商务部发布《汽车销售管理办法》，自 2017 年 7 月 1 日起施行。

——2017 年 1 月 1 日起施行《道路运输车辆综合性能要求和检验方法》（GB 18565—2016）。

——2017年11月30日，国家质检总局决定拟废止《机动车安全技术检验机构监督管理办法》（国家质检总局令第121号）。

——2018年1月1日起施行《机动车运行安全技术条件》（GB 7258—2017）。

——2018年4月28日海关总署令第238号、2018年5月29日海关总署令第240号修正了《进口汽车检验管理办法》。

——2018年5月1日起施行《道路交通事故处理程序规定》（公安部令第146号）。

——2018年7月6日，国家标准化管理委员会公布了《机动车安全技术检验项目和方法（征求意见稿）》（GB 21861）。

——2018年9月1日起，公安部部署进一步深化改革，提升交通管理服务便利化工作，并公布推行简捷快办、网上通办、就近可办等20项交通管理"放管服"改革新措施。其后，研究推出更多便民惠民新举措，营造良好营商环境，不断提升群众获得感和满意度。

——2018年11月9日，交通运输部办公厅公布了《关于印发深化道路运输驾驶员从业管理改革实施方案的通知》，以深入贯彻落实"放管服"改革系列决策部署。以建设人民满意交通为目标，以便民利民惠民为导向，切实减轻道路运输驾驶员负担，为人民群众的道路运输从业、就业、创业、择业创造良好环境，有效激发道路运输市场内生动力和发展活力。

——2018年11月15日，商务部公布了《二手车流通管理办法（征求意见稿）》。

——2018年12月29日，第十三届全国人民代表大会常务委员会第七次会议通过了《中华人民共和国车辆购置税法》，该法于2019年7月1日起实施。

——2019年3月14日，国家市场监督管理总局发布了《家用汽车产品修理、更换、退货责任规定（征求意见稿）》。

——2019年4月22日，国务院发布修订后的《报废机动车回收管理办法》（国务院令第715号），自2019年6月1日起施行。

——2019年6月21日，交通运输部《关于修改〈机动车维修管理规定〉的决定》《关于修改〈道路运输车辆技术管理规定〉的决定》和《关于修改〈道路运输从业人员管理规定〉的决定》公布并施行。

为此，本书的这次修订除保持第2版的基本结构与基本内容外，主要在以下几个方面进行了修改：

1）着重对与汽车相关的法律、法规、技术标准进行及时更新，使本书内容更加充实、权威、准确，切实反映目前我国汽车运用管理方面相关法律、法规和技术标准的更新发展，以具有实效性、实用性。

2）采用新的法律、法规和标准，并按照政府最新公告进行了修订。

3）增加了一些新内容。例如："小资料"的不少内容进行了更新；删去了一些过时的内容；精简了部分内容，对一些不足进行了修改；对文字叙述进行了一些必要的修改，尽量做到通俗易懂，便于读者自学。

4）对本书的配套资料进行了全面修订，包括教学课件、习题集、习题答案等，以更好地为教师教学和学生学习服务。

另外，根据《国务院关于机构设置的通知》（国发[2018]6号）文件要求，原"国家质量监督检验检疫总局"更名为"国家市场监督管理总局"。

由于汽车相关法律法规在发展和完善中，因此本书也会再次修订，以顺应时代，推陈出新,力争使本书成为汽车运用类专业教材中的一个精品。欢迎大家提出修改意见。

　　本书主编为林平,赵玉梅、赵勤、林龙、林立成、何芝玉和吴强参与了部分内容的编写修订工作。在修订过程中,编者广泛参阅了与汽车相关的法律、法规、技术标准和政府发布的有关文件,并参考引用了网络和杂志刊登的一些案例资料,在此向原作者表示衷心的感谢。

　　感谢广大师生对本书编写工作的支持和关爱。

　　由于编者水平有限,本书的一些内容和观点难免有错误或不当之处,恳请广大读者批评指正。

编　者

第 2 版前言

近两年汽车道路交通法律法规发生了不少新的变化，新规章不断出台。为此，编者在第 1 版的基础上进行了修订。

本书主要在以下几个方面进行了修订：

1) 更新调整了部分内容。2011 年 4 月《中华人民共和国道路交通安全法》进行了第二次修订；2012 年 12 月《机动车交通事故责任强制保险条例》进行了第二次修订；2012 年 9 月 1 日开始实施《机动车运行安全技术条件》（GB 7258—2012）；2012 年 12 月 21 日开始施行《最高人民法院关于审理道路交通事故损害赔偿案件适用法律若干问题的解释》；2012 年 9 月 12 日开始实施《公安部关于修改〈机动车登记规定〉的决定》；2013 年 1 月 1 日开始施行《机动车驾驶证申领和使用规定》；2013 年 5 月 1 日开始施行《机动车强制报废标准规定》；2013 年 10 月 1 日开始施行《家用汽车产品修理、更换、退货责任规定》。因此，本书对以上法规所涉及的相关内容进行了全面更新。

2) 删除了原汽车产业政策一章。目前我国汽车产业已发生了巨大的变化，一些产业政策也随之发生变化；同时，产业政策属于"生产前"政策，与本书的联系较少，故删去了这一章。

3) 调整了部分"小资料"的内容。"小资料"相关内容对应集中在有关章节，既配合教材内容，又能相对独立。

4) 新增了一些典型案例。所选案例大都是与教材内容紧密相关的。这些案例，可以帮助读者了解目前因汽车道路交通事故而涉及的一些法律问题，引导读者理论联系实际，学以致用，有利读者解决实际工作中可能遇到的问题。

5) 全面审订原书中的不妥之处。第 1 版出版发行以来已发现的错误和不妥之处在第 2 版中得到全面修订。

本书由林平、林波任主编，参加编写工作的人员还有赵玉梅、林军、李净、林龙、何芝玉和吴强。

由于编者学识水平有限，书中错误或不当之处在所难免，恳请广大读者及专家不吝赐教。

编　者

第1版前言

　　广义的汽车法规是指国家为了防止汽车对人身、财产、社会环境和资源造成危害，为了保障车主的权益，对汽车的结构及装置所作的安全、环保和质量的要求。

　　本书主要介绍汽车"生产后"（即使用管理方面）的一些法规，如购买和使用环节的税费、汽车注册登记、汽车维修、汽车保险、驾驶人及运输从业人员管理、交通事故处理、汽车检测与报废以及污染物排放等，而很少涉及汽车"生产中"（技术方面）的法规。汽车技术法规主要包括安全、防公害（防止污染物排放、噪声污染、电磁波干扰）和节约能源等三个方面。

　　当今世界，科学技术日新月异，市场经济迅猛发展，经济全球化趋势日益加快，而市场经济从一定意义上讲就是法制经济。今后，不管是在国内进行经济活动、处理各项政务和社会事务，还是参与国际交流与竞争，我们都必须"法"字当头。在这种大趋势下，如果我们的学校培育出的人才不具备法律素质，就不能面向现代化，更不能面向世界、面向未来，我们的国家也难以保证具有稳定的社会秩序和良好的经济环境，难以真正走上富强、民主、文明之路。

　　实施依法治国，建设法治国家，这是今后相当长时期内我国民主法制建设的基本目标。

　　职业技术院校汽车类专业学生学习和掌握有关汽车法规，不仅可以促使自己学法、知法、守法，形成遵纪守法的优良品质和良好习惯，以适应今后工作的需要，还可以懂得如何利用法律知识来保护企业、保护自己的合法权益。

　　目前，有关汽车法规的教材并不常见，且汽车法规涉及内容又太繁杂，而本书就主要介绍了最新的、实用的"生产后"汽车法规。本书不仅可作为职业院校教材，还可作为从事车辆管理相关工作人员的一本汽车法规方面的实用工具书。

　　由于作者水平有限，文中不当之处请大家指正。作者联系邮箱：Lpingauto@163.com。

编　者

目录

第 3 版前言
第 2 版前言
第 1 版前言

第一章　概论 ····· 1
　第一节　法规导论 ····· 1
　　一、法律规范形式 ····· 1
　　二、法律的实施 ····· 2
　　三、违法与法律制裁 ····· 3
　第二节　交通法规的产生和发展 ····· 4
　　一、交通法规的产生 ····· 4
　　二、我国交通法规的形成 ····· 9
　第三节　国外汽车法规简介 ····· 14
　　一、国外汽车管理的特点 ····· 14
　　二、汽车法规的全球化 ····· 14
　　三、汽车认证制度 ····· 15
　　四、几个典型的汽车法规 ····· 19
　第四节　案例分析 ····· 22
　　一、中国酒后驾车被判重刑的案件 ····· 22
　　二、玩"碰瓷",制造假交通事故 ····· 23
　　三、走路也可能"走出"交通肇事罪 ····· 24
　　四、商标近似应担责 ····· 24

第二章　道路交通安全法 ····· 25
　第一节　概述 ····· 25
　　一、道路交通安全法的特点 ····· 25
　　二、道路交通安全法概要 ····· 26
　　三、道路交通安全法中有关车辆管理的规定 ····· 28
　　四、道路交通安全法的多项创新 ····· 31
　　五、道路交通安全法的多项突破 ····· 33
　第二节　道路交通安全法实施条例 ····· 39
　第三节　案例分析 ····· 43
　　一、赌气躺公路被撞死应承担责任 ····· 43
　　二、连环交通事故责任难划分 ····· 44
　　三、非公共管理场所的交通事故责任认定 ····· 45

四、"车撞狗"算不算交通事故 ························· 46
　　五、醉酒驾驶出交通事故保险公司是否承担赔偿责任 ········· 46

第三章　汽车登记 ························· 48
第一节　汽车登记证书、号牌与行驶证 ············· 48
　　一、汽车登记证书 ························· 49
　　二、汽车号牌 ························· 49
　　三、汽车行驶证 ························· 54
第二节　汽车登记规定 ························· 54
　　一、汽车登记机关 ························· 54
　　二、注册登记 ························· 55
　　三、变更登记 ························· 56
　　四、转移登记 ························· 59
　　五、抵押登记 ························· 60
　　六、注销登记 ························· 61
　　七、校车标牌核发 ························· 62
　　八、质押备案 ························· 64
　　九、补领、换领机动车登记证书、号牌、行驶证、检验合格标志 ········· 65
　　十、临时行驶车号牌 ························· 65
　　十一、登记事项变更 ························· 66
　　十二、代理 ························· 66
　　十三、公安部交管"放管服"改革措施 ············· 67
第三节　案例分析 ························· 69
　　一、车辆已出售，原车主不应承担连带责任 ············· 69
　　二、车辆借给无证驾驶人员，应承担连带责任 ············· 69
　　三、擅自开动他人车辆造成交通事故谁承担责任 ············· 69

第四章　汽车检验 ························· 71
第一节　汽车检验类型 ························· 71
　　一、汽车检验分类 ························· 71
　　二、汽车安全技术检验管理 ························· 72
　　三、安全技术检验周期 ························· 73
第二节　汽车安全技术检验标准 ················· 73
　　一、概述 ························· 73
　　二、整车 ························· 74
　　三、发动机和驱动电机 ························· 81
　　四、转向系统 ························· 81
　　五、制动系统 ························· 82
　　六、照明、信号装置和其他电气设备 ············· 89
　　七、行驶系统 ························· 92
　　八、传动系统 ························· 93
　　九、车身 ························· 94
　　十、安全防护装置 ························· 97
　　十一、消防车、救护车、工程救险车和警车的附加要求 ········· 102
　　十二、残疾人专用汽车的附加要求 ················ 103

第三节　汽车安全技术检验 …… 104
　一、检验流程 …… 105
　二、检验项目 …… 105
　三、检验方法 …… 108
　四、检验要求 …… 111
　五、检验结果处置 …… 124
第四节　核发汽车检验合格标志 …… 125
　一、核发检验合格标志流程 …… 125
　二、补领或换领检验合格标志 …… 126
第五节　进口汽车检验 …… 127
第六节　案例分析 …… 128
　一、擅自改装车辆应承担事故责任 …… 128
　二、私自改装前照灯违法应承担责任 …… 129
　三、好心借车出事故负连带赔偿责任 …… 129

第五章　汽车报废与回收 …… 131
第一节　汽车的报废 …… 131
　一、汽车报废 …… 131
　二、汽车报废标准 …… 131
第二节　报废汽车的回收 …… 133
　一、报废汽车回收管理机关 …… 133
　二、报废汽车回收企业资质认定 …… 133
　三、报废汽车回收 …… 134
第三节　案例分析 …… 135
　一、挤公交车发生的交通事故 …… 135
　二、避险过当应承担责任 …… 136
　三、行人横穿道路发生交通事故谁承担责任 …… 137

第六章　汽车销售管理 …… 138
第一节　销售行为规范 …… 138
　一、汽车销售 …… 138
　二、汽车交付 …… 139
　三、售后服务 …… 139
第二节　销售市场秩序 …… 139
　一、供应商行为 …… 139
　二、经销商行为 …… 140
　三、双方行为 …… 140
第三节　监督管理 …… 141
　一、监督管理机关 …… 141
　二、信息管理 …… 141
　三、监督检查措施 …… 141
第四节　家用汽车产品三包责任规定 …… 142
　一、总则 …… 142
　二、生产者义务 …… 142
　三、销售者义务 …… 143

四、修理者义务 …………………………………………………………………… 143
　　五、三包责任 ……………………………………………………………………… 143
　　六、三包责任免除 ………………………………………………………………… 146
　　七、争议的处理 …………………………………………………………………… 146
　第五节　案例分析 …………………………………………………………………… 147
　　一、发生事故各方均无责任的赔偿 ……………………………………………… 147
　　二、行人"撞"死骑车人 ………………………………………………………… 147
　　三、机动车道上打出租车发生车祸，谁承担责任 ……………………………… 148
　　四、新车试驾发生事故，试驾者和车行如何承担责任 ………………………… 148

第七章　二手车流通管理 ……………………………………………………… 150
　第一节　概述 ………………………………………………………………………… 150
　　一、管理机关的职责 ……………………………………………………………… 150
　　二、二手车经营行为 ……………………………………………………………… 150
　第二节　二手车流通 ………………………………………………………………… 151
　　一、卖方的责任 …………………………………………………………………… 151
　　二、经销企业的责任 ……………………………………………………………… 152
　　三、自愿评估制度 ………………………………………………………………… 152
　第三节　二手车交易规范 …………………………………………………………… 153
　　一、交易的合法性 ………………………………………………………………… 153
　　二、收购和销售 …………………………………………………………………… 154
　　三、经纪 …………………………………………………………………………… 156
　　四、拍卖 …………………………………………………………………………… 156
　　五、直接交易 ……………………………………………………………………… 157
　　六、交易市场的服务与管理 ……………………………………………………… 157
　第四节　案例分析 …………………………………………………………………… 158
　　一、二手车过户保险仍有效 ……………………………………………………… 158
　　二、非驾驶人驾车发生交通事故，责任谁承担 ………………………………… 159
　　三、限制行为能力人开车发生事故，如何承担责任 …………………………… 159

第八章　汽车维修管理 …………………………………………………………… 161
　第一节　道路运输车辆技术管理要求 ……………………………………………… 161
　　一、道路运输车辆技术条件 ……………………………………………………… 161
　　二、技术管理的一般要求 ………………………………………………………… 162
　第二节　道路运输车辆的维修与检测 ……………………………………………… 162
　　一、车辆维护与修理 ……………………………………………………………… 162
　　二、车辆检测管理 ………………………………………………………………… 163
　第三节　汽车维修管理 ……………………………………………………………… 163
　　一、经营许可 ……………………………………………………………………… 164
　　二、维修经营 ……………………………………………………………………… 166
　　三、质量管理 ……………………………………………………………………… 166
　第四节　案例分析 …………………………………………………………………… 169
　　一、汽车修理中的事故谁承担责任 ……………………………………………… 169
　　二、牛受惊造成的交通事故 ……………………………………………………… 170
　　三、交通事故后是否存在车辆贬值费 …………………………………………… 170

四、在修车试车过程中发生道路交通事故时，相应赔偿责任的认定 …………… 171

第九章　汽车保险 ……………………………………………………………………… 173
第一节　保险概论 …………………………………………………………………… 173
　　一、保险合同 …………………………………………………………………… 173
　　二、财产保险合同 ……………………………………………………………… 176
　　三、保险代理人和保险经纪人 ………………………………………………… 178
第二节　汽车保险种类 ……………………………………………………………… 180
　　一、交强险 ……………………………………………………………………… 180
　　二、第三者责任险 ……………………………………………………………… 183
　　三、车辆损失险 ………………………………………………………………… 185
　　四、车上人员责任险 …………………………………………………………… 188
　　五、自燃损失险 ………………………………………………………………… 188
　　六、盗抢险 ……………………………………………………………………… 188
　　七、玻璃单独破碎险 …………………………………………………………… 188
　　八、新增加设备损失险 ………………………………………………………… 189
　　九、不计免赔特约险 …………………………………………………………… 189
第三节　机动车交通事故责任强制保险条例 ……………………………………… 189
　　一、总则 ………………………………………………………………………… 190
　　二、投保 ………………………………………………………………………… 190
　　三、赔偿 ………………………………………………………………………… 193
　　四、罚则 ………………………………………………………………………… 196
第四节　机动车交通事故责任强制保险费率浮动 ………………………………… 196
　　一、交强险费率浮动因素及比率 ……………………………………………… 196
　　二、计算方法 …………………………………………………………………… 197
　　三、特殊情况的交强险费率浮动方法 ………………………………………… 197
第五节　案例分析 …………………………………………………………………… 198
　　一、"起火点起火原因不明"还是"不明原因起火" ………………………… 198
　　二、无证驾驶伤人，保险公司是否应赔偿 …………………………………… 199
　　三、公交车驾驶人撞死妻子能否获得赔偿 …………………………………… 200
　　四、驾驶人撞死自己，保险公司是否应赔偿 ………………………………… 200
　　五、交通肇事逃逸不能一概拒赔 ……………………………………………… 201
　　六、投保当日出车祸是否应赔偿 ……………………………………………… 202
　　七、被盗车辆发生交通事故保险公司能否免责 ……………………………… 202

第十章　道路交通事故处理 …………………………………………………………… 204
第一节　道路交通事故处理程序 …………………………………………………… 204
　　一、交通事故处理原则及管辖 ………………………………………………… 204
　　二、报警和受案 ………………………………………………………………… 204
　　三、自行协商和简易程序 ……………………………………………………… 206
　　四、调查 ………………………………………………………………………… 207
　　五、检验与鉴定 ………………………………………………………………… 210
　　六、道路交通事故认定 ………………………………………………………… 211
　　七、道路交通事故复核 ………………………………………………………… 212
　　八、处罚执行 …………………………………………………………………… 212

九、损害赔偿调解 …………………………………………………………… 214
第二节　道路交通事故社会救助基金管理试行办法 ………………………………… 215
　　一、救助基金的救助内容与管理分工 …………………………………………… 215
　　二、救助基金的来源 ……………………………………………………………… 216
　　三、救助基金的垫付费用 ………………………………………………………… 216
第三节　侵权责任法对机动车交通事故责任的规定 ………………………………… 218
　　一、一般规定 ……………………………………………………………………… 218
　　二、责任构成和责任方式 ………………………………………………………… 218
　　三、不承担责任和减轻责任的情形 ……………………………………………… 220
　　四、机动车交通事故责任 ………………………………………………………… 220
　　五、物件损害责任 ………………………………………………………………… 220
第四节　最高人民法院关于审理人身损害赔偿案件适用法律若干问题的解释 …… 221
　　一、主体责任 ……………………………………………………………………… 221
　　二、赔偿范围 ……………………………………………………………………… 224
　　三、赔偿数额 ……………………………………………………………………… 225
　　四、适用范围 ……………………………………………………………………… 227
第五节　最高人民法院关于审理道路交通事故损害赔偿案件适用法律若干问题的解释 … 227
　　一、关于主体责任的认定 ………………………………………………………… 227
　　二、关于赔偿范围的认定 ………………………………………………………… 228
　　三、关于责任承担的认定 ………………………………………………………… 229
　　四、关于诉讼程序的规定 ………………………………………………………… 230
　　五、关于适用范围的规定 ………………………………………………………… 230
第六节　案例分析 ………………………………………………………………………… 231
　　一、交警执法时发生交通事故，是否应承担赔偿责任 ………………………… 231
　　二、车被偷开撞人，车主是否应承担连带赔偿责任 …………………………… 231
　　三、没有开车也会构成交通肇事罪 ……………………………………………… 232
　　四、谁来承担无力负担的赔偿 …………………………………………………… 232
　　五、路上发生车祸却由建委承担责任 …………………………………………… 233
　　六、高速公路公司未尽清扫义务造成车祸，应承担赔偿责任 ………………… 234

第十一章　机动车驾驶证管理 ………………………………………………………… 235
第一节　总则 ……………………………………………………………………………… 235
　　一、分级管理部门 ………………………………………………………………… 235
　　二、车辆管理所业务办理要求 …………………………………………………… 235
第二节　机动车驾驶证申请 ……………………………………………………………… 237
　　一、机动车驾驶证 ………………………………………………………………… 237
　　二、机动车驾驶证申请人条件 …………………………………………………… 237
　　三、申请 …………………………………………………………………………… 239
第三节　机动车驾驶人考试 ……………………………………………………………… 241
　　一、考试内容 ……………………………………………………………………… 241
　　二、考试合格标准 ………………………………………………………………… 242
　　三、考试要求 ……………………………………………………………………… 243
　　四、考试监督管理 ………………………………………………………………… 244
第四节　发证、换证、补证 ……………………………………………………………… 245

一、发证 ··· 245
　　二、换证 ··· 246
　　三、补证 ··· 247
　第五节　机动车驾驶人管理 ··· 247
　　一、记分 ··· 247
　　二、审验 ··· 248
　　三、监督管理 ··· 249
　　四、校车驾驶人管理 ··· 251
　　五、代理 ··· 252
　第六节　法律责任 ··· 252
　　一、非正当手段取得机动车驾驶证的法律责任 ··· 252
　　二、学习驾驶期间的法律责任 ··· 252
　　三、非正当手段使用机动车驾驶证的法律责任 ··· 253
　　四、交通管理人员的法律责任 ··· 253
　第七节　案例分析 ··· 253
　　一、学员训练中撞死教练是否构成犯罪 ··· 253
　　二、无证驾车丢命又担责 ··· 254
　　三、驾驶证被注销是否应承担事故全责 ··· 254
　　四、学车期间独立驾车是否应当承担责任 ··· 255
　　五、未成年人驾车事故责任谁承担 ··· 255
第十二章　道路运输从业人员管理 ·· 257
　第一节　总则 ··· 257
　　一、管理对象 ··· 257
　　二、管理机关 ··· 257
　第二节　从业资格管理 ··· 257
　　一、从业资格考试制度 ··· 257
　　二、取得从业资格的条件 ··· 258
　　三、申请手续 ··· 259
　　四、考试及档案 ··· 260
　第三节　从业资格证件管理 ··· 261
　　一、从业资格证件及发放 ··· 261
　　二、从业资格证件的管理 ··· 262
　第四节　从业行为规定 ··· 263
　　一、一般规定 ··· 263
　　二、特别规定 ··· 263
　第五节　案例分析 ··· 266
　　一、车辆挂靠公司是否应承担连带赔偿责任 ··· 266
　　二、雇员发生车祸，雇主是否应承担赔偿责任 ··· 266
　　三、搭"顺风"车致伤能否请求赔偿 ··· 267
附录 ·· 268
　附录A　中华人民共和国道路交通安全法 ··· 268
　附录B　机动车注册、转移、注销登记/转入申请表 ··································· 282
　附录C　机动车变更登记/备案申请表 ··· 283

附录 D 机动车牌证申请表 ·· 284
附录 E 机动车驾驶证申请表 ·· 285
附录 F 道路交通安全违法行为记分分值 ·································· 286
附录 G 机动车驾驶人身体条件证明 ·· 288

参考文献 ··· **289**

汽车法规概论习题集 第 3 版

第一章 概论

第一节 法规导论

一、法律规范形式

法律规范是构成法律的细胞，一个国家的法律就是该国全部法律规范的总和。

法律规范是反映人民意志，由国家制定或认可，依靠国家强制力保证实施的行为规则。

我国法律规范的形式，可概括为两大部分：第一部分是宪法和法律，第二部分是从属于宪法和法律的其他规范性文件。

法律具有明示作用、预防作用和规范作用，还具有扭转社会风气、净化人们的心灵和净化社会环境的社会性效益。公正是法律的价值追求，如图1-1所示。

1. 宪法和法律

宪法和法律，是由拥有立法权的最高国家权力机关，按照严格的程序颁布的规范性文件。

宪法是国家的根本法，是一切法律的立法基础。它经过严格的立法程序，由全国人民代表大会（下文简称全国人大）制定。宪法也是我国制定有关道路交通法规的重要依据。

图1-1　公正是法律的价值追求

法律也是由国家的最高权力机关制定的。只有全国人大和全国人大常委会才能行使立法权，制定法律。我国的法律就其内容和制定的机关而言，可以分为基本法律和其他法律。基本法律规定国家某一方面的基本制度，如有关国家机构组织、刑事、民事、诉讼、婚姻等法律，由全国人大制定；其他法律指的是由全国人大制定的宪法和基本法律以外的各种法律，这些法律由全国人大常委会制定，如森林法、食品卫生法、公路法和道路交通安全法等。

2. 从属于宪法和法律的其他规范性文件

1）国务院根据宪法和法律制定的行政法规、发布的决定和命令。这些是我国最高的行政规范性文件。

行政法规的名称只限定三种：条例、规定和办法。"条例"对某一方面的行政工作做比较全面、系统的规定，"规定"对某一方面的行政工作做部分的规定，"办法"对某一项行政工作做部分的规定。

目前，国务院制定的道路交通方面的行政法规主要有《中华人民共和国道路运输条例》和《中华人民共和国道路交通安全法实施条例》等。

2）国务院所属各部、各委员会为了执行宪法、法律和国务院发布的规范性文件而发布的命令、指示和规章。国务院及其所属机构发布的规范性文件均有全国性的效力。

部门规章是我国道路交通法规最多的法规表现形式，在道路交通管理中占有十分重要的地位。有关道路交通管理方面的规章，有公安部颁布的《机动车登记规定》《机动车驾驶证申领和使用规定》《道路交通事故处理程序规定》等。

3）省、直辖市的人大和人大常委会，在不与宪法、法律和行政法规相抵触的前提下，制定的地方性法规，这些法规须报全国人大常委会备案。

目前，全国各地区制定了大量的道路交通方面的地方规章，这些地方规章为道路交通事业的发展，发挥了积极的作用。

地方性法规是道路交通法规必要和有益的补充。地方性法规不得与法律、行政法规相抵触。

4）民族自治地方的人民代表大会，根据宪法和法律，依照当地民族的政治、经济和文化的特点，制定的自治条例和单行条例。

二、法律的实施

法律的实施，是法律规范在现实生活中的实现。法律的实施必须遵循公民在法律面前一律平等的原则。

法律的实施有法律的适用和法律的遵守两种方式。

1. 法律的适用

法律的适用就是通常所说的执法。它是国家机关及其工作人员，按照法定的权限和程序，为了完成其特定的职务而运用法律的活动。其特点在于：

1）法律适用的主体是国家机关，它以国家的名义进行活动。
2）这种活动必须严格地在法定权限范围内按照法定的程序进行。
3）国家机关和公职人员执法的目的，是完成其承担的职务。

法律的适用，总的要求是正确、合法、及时，必须坚持以事实为依据，以法律为准绳的原则。

2. 法律的效力

法律规范的效力，就是它的适用范围，包括空间、时间和对人的效力。

1）空间效力是指它在什么地域范围内有效。
2）时间效力是指它开始生效、终止生效和是否溯及既往的问题。
3）对人的效力是指它对谁有效的问题。

3. 法律的遵守

法律的遵守就是通常所说的守法。

1）遵守法律的主体，有公民个人和社会组织两大类。

2）遵守法律的范围，不仅包括遵守宪法和法律，也包括遵守其他各个层次和各种形式的法律规范。

小资料

中国汽车产销量位居世界第一

2009年，我国汽车产销量分别为1 379.10万辆和1 364.48万辆，同比分别增长48.30%和46.15%。我国以300多万辆的优势，首次超越美国，成为世界汽车产销量第一大国，比预计提前了5年。2018年，中国的汽车产量为2 780.9万辆、销量为2 808.1万辆，连续10年产销量居世界第一位，中国占全球汽车生产份额的30%，中国汽车产业迎来了新的里程碑。

但我国目前只能说是汽车全球产销量第一，还没有成为世界汽车强国。我国汽车工业在生产技术、技术开发水平、品牌影响力和产品结构等方面与世界汽车强国尚有差距。

三、违法与法律制裁

1. 违法的概念

违法，是指违反法律规范要求的行为。其中，有的违法是同法律规范的要求相对立的行为，有的违法是超越法律规范允许范围的行为。

2. 违法的要件

某种行为是否违法，只能根据法律规定的各种违法要件的总和，即违法构成来确定。违法的要件包括：

1）违法的客体，即违法行为所损害的而为法律所保护的一定的社会关系。

2）违法的客观要件，即构成违法所必须具备的外部条件。它包括违法的行为、违法的结果、行为与结果之间的因果关系。

3）违法的主体，即实施违法行为并要对其承担法律责任的人。除自然人外，法人或社会组织也可以成为违法的主体。

4）违法的主观要件，即实施违法行为的人在实施违法行为时的心理状态。这在刑法中称为罪过，在其他部门法中称为过错。

3. 法律制裁

对于不同种类的违法，违法者要承担不同种类的法律责任，也就是要受到不同种类法律的制裁，如图1-2所示。

1）民事制裁是对违反民事法律及其他法律的人给予的财产性的制裁。民事制裁由人民法院以判决或裁定的形式作出。

2）行政制裁是对违反行政法律的人进行的制裁。它包括行政处罚（警告、罚款、没收、责令停产停业、暂扣或者吊销许可证、行政拘留以及法律、行政法规规定的其他行政处罚等）和行政处分（警告、记过、记大过、降级、撤职、开除）两种。行政制裁由法定的行政机关作出。

3）刑事制裁是人民法院对犯罪者实施的刑罚。一般地，在法律制裁中，刑事制裁是最

图 1-2 违法者将承担法律责任

严厉的。

我国刑法第 133 条确定了对交通肇事罪的刑事制裁。因违反交通运输管理法规，而发生重大事故，致人重伤、死亡或者使公私财产遭受重大损失的，处 3 年以下有期徒刑或者拘役；交通运输肇事后逃逸或者有其他特别恶劣情节的，处 3 年以上 7 年以下有期徒刑；因逃逸致人死亡的，处 7 年以上有期徒刑。

在道路上驾驶机动车，有下列情形之一的，处拘役，并处罚金：①追逐竞驶，情节恶劣的；②醉酒驾驶机动车的；③从事校车业务或者旅客运输，严重超过额定乘员载客，或者严重超过规定时速行驶的；④违反危险化学品安全管理规定运输危险化学品，危及公共安全的。机动车所有人、管理人对前款第三项、第四项行为负有直接责任的，依照前款的规定处罚。

《最高人民法院关于审理交通肇事刑事案件具体应用法律若干问题的解释》已于 2000 年 11 月 10 日由最高人民法院审判委员会第 1136 次会议通过，自 2000 年 11 月 21 日起施行。

第二节　交通法规的产生和发展

一、交通法规的产生

交通是指人、物、信息在两地间的往来、输送和传递，是各种运输事业和邮电通信的总称。它包括道路、铁路、水上、航空、管道运输以及邮政、电信通信等形式，是由交通主体（人）、交通工具和交通方式三个基本要素组成的。

狭义的交通则仅指人类利用一定的载运工具、线路、港站等实现旅客、货物的空间位移的活动，包括铁路、公路、航空、水路和管道五种交通方式。

道路交通关系是指人们在进行道路交通活动的过程中所形成的各种社会关系，如人们在利用道路的过程中所形成的道路管理关系。作为社会关系的一种，道路交通关系存在于道路交通活动之中，没有道路交通活动就谈不上道路交通关系。

道路交通关系的当事人即道路交通关系的参与者。任何人，只要进行了道路交通活动，就会形成道路交通关系。

道路交通法规是以道路交通关系为其调整对象的法律规范的总称，它是有关道路交通方面的法律规范的概括性说法。道路交通法规作为道路交通方面的法的总括，主要包括公路管理法规、道路运输管理法规、道路交通安全法规、道路交通行政处罚法规等。

道路交通法规主要有四个方面的作用：确保道路交通事业的发展；保护公民、法人等的合法权益；加强国家对道路交通事业的管理；协调人们在道路交通关系中的权利与义务，维持正常的道路交通秩序。

制定道路交通法规的目的是防止在道路上出现危险与障碍，以保证交通安全通畅，并为处罚交通事故的责任者提供依据。交通法规的内容包括行人和车辆等的通行方法、驾驶人员及车辆所有者的义务、道路的使用与管理、车辆管理以及交通违法和事故处理规则等。随着道路交通的发展，交通法规常做相应修改，但又有相对稳定性。

世界上第一个交通法规是两千多年前由古罗马大帝恺撒（图1-3）颁布的，内容简单，主要包括四个方面：①为避免交通阻塞，规定车辆单向行驶；②从日出到日落前两小时的时间段内，不准私人马车在城内行驶；③外城市来的车辆须停在城外不准进城；④外城市的乘车人须租本市马车入市。

英国最早的道路交通管理法规是在1555年通过的，它只规定沿街的商店和住户自费保养自己房前的路段。

通行制原则是交通法中的最基本原则，它用以保证车辆和行人各行其道。1722年，由于伦敦桥上交通堵塞太过严重，伦敦市长便下令所有交通工具靠单边出入（左出右进），这被认为是英国靠左行车惯例的开始。1756年，英国议会通过了伦敦桥交通法，该法要求所有车辆均须靠左通行。

1865年，英国议会颁布了世界上最早的机动车交通安全法规《红旗法》。该法规定蒸汽汽车的行驶速度在市内不得超过3.2km/h，在市郊不得超过6.4km/h，而且行驶过程中必须有一人手执红旗在汽车前方55m处步行警告，以压低车辆行驶速度（图1-4）。《红旗法》后来因遭到人们反对而于1896年取消。

图1-3　盖乌斯·尤利乌斯·恺撒

图1-4　《红旗法》不仅限速，还必须有一人手执红旗在汽车前方警告

> **小资料**
>
> ### 最早因超速行驶被判罪的驾驶人
>
> 1896年1月28日,英国肯特郡西佩卡姆的沃尔塔·阿诺尔德受到了汤布里奇警察法院的审判,原因是8天前他驾车在帕德克乌德大街上,以限制时速3.2km(2英里)以上的速度行驶。经常回家吃午饭的巡警,看到从自家门口驾车跑过去的阿诺尔德,马上戴上警帽骑上自行车去追,追出8km以后才追上他,并检举阿诺尔德超速行驶。目击者的证词为:"(阿诺尔德)大约以8km/h的速度行驶",如图1-5所示。当时被罚款1先令的阿诺尔德,成了最早因超速行驶被判罪的驾驶人。

图1-5 超速汽车驾驶人被骑自行车的警察追捕

一个国家或一个地区都应有统一的交通法规,车辆左行或右行,交通信号、交通标志和道路交通标线等的含义全国或全地区必须统一。随着国际交通的发展,交通法规已有国际统一的趋势。1952年,联合国大会通过了《关于道路标志和交通信号的议定书案》,但美国、加拿大和原英国殖民地国家没有参加。1968年,在奥地利首都维也纳召开了联合国道路交通会议,通过了《道路交通和道路标志、信号协定》,对交通标志和交通信号做了若干统一的规定。

> **小资料**
>
> ### 伦 敦 桥
>
> 伦敦桥(London Bridge)原是一座横跨泰晤士河的桥,它将伦敦和南华克(Southwark)地区连为了一体。这座举世闻名的桥在1750年前是越过泰晤士河的唯一桥梁,也是伦敦所建历史最悠久的一座桥梁。
>
> 伦敦桥所在地近2 000年来一直有不同的桥出现。第一座跨泰晤士河的桥是木桥,是由罗马人在公元50年左右搭建的。罗马人撤离英国之后,这座桥逐渐失修。1014年,英国国王埃塞尔雷德二世(Ethelred)为抵抗入侵的丹麦人,下令烧毁这座桥。重建的伦敦桥在1091年被暴风雨摧毁,再次重建后,又于1136年被烧毁。1176年,彼得·柯尔丘奇(Peter de Colechurch)提议兴建石桥以取代先前木桥。在额外抽取税项提供经费的情况下,石桥于亨利二世任内开始兴建,在1209年约翰王任内完成,历时33年。由于约翰王允许桥上建设建筑物,因此当时桥上挤满房屋,甚至教堂。7.93m的桥面最后挤到只剩下2m的通道供来往交通。当时有超过200家商户营业,不少人来此购物。因为有遮蔽和实施宵禁,不少人也认为在桥上较安全。因此,当时桥上形成了一个自成一体

的社群（图1-6）。对社群的最大威胁是火灾和拥挤引起的堕河事件。1212年，发生了一次可能是早期最严重的伦敦桥大火。由于火同时从桥两端燃起，人群无法逃生，致使3 000人遇难。1633年的另一场大火烧毁了桥北端1/3的社群。

图1-6　旧时拥挤的伦敦桥

另外，伦敦桥南端还有一座门楼，这个门楼变成了伦敦的景点。因为在1305年，威廉·华莱士的头颅被钉在门上，由此开始了一个长达355年的传统：将叛国者被砍下的头钉在木桩上，并涂上沥青以防腐。被砍头的人物还包括1450年的杰克·凯德、1535年的托马斯·莫尔爵士和约翰·费希尔主教以及1540年的托马斯·克伦威尔。1598年，一个到伦敦游玩的德国游客曾经数过桥上的人头，共有30个之多。这一传统在查尔斯二世复辟之后，于1660年被废止。

1722年，由于桥上交通堵塞太严重，伦敦市长下令所有交通工具靠单边出入（图1-7），这被认为是英国行车靠左惯例的开始。

图1-7　伦敦桥最早实行行车靠左的出入方式

18世纪末期,伦敦桥已不能发挥原来的作用,新伦敦桥由工程师约翰·雷尼设计,其子督造,建造历时7年(1824年—1831年)。新桥长283m,宽15m,由花岗岩建造。这座优美的五拱石桥屹立在原桥址西边约30m(100英尺)处。

1968年4月17日,雷尼父子设计和建造的伦敦桥,以246万美元的价格拍卖给了美国地产商罗伯特·麦卡洛。据说麦卡洛购买伦敦桥是由于一个错误,他误以为自己买的是伦敦塔桥(图1-8)——伦敦另一座著名的桥梁,经常有人把伦敦塔桥和伦敦桥混淆起来。伦敦桥被拆解后,运回了美国亚利桑那州的哈瓦苏湖市,并于1971年10月10日最终重新复原完成、对外开放。据统计,伦敦桥拆下的梯形石块共10 276块,总重12万t。后来有人计算,大桥运输和重建费用为770万美元(一说690万美元),已经是当初买桥价格的3倍了。如今,位于沙漠中的伦敦桥成为一个人造英国主题公园的核心部分,成了继大峡谷之后美国第二大旅游景点(图1-9)。不过离开了伦敦,离开了泰晤士河的"伦敦桥",还能被称为伦敦桥吗?

图1-8 伦敦塔桥

如今横跨在泰晤士河上的伦敦桥建于1967—1972年。新桥是座相当乏味的水泥桥(图1-10),其部分建桥费用来自出售雷尼父子伦敦桥的所得。

图1-9 迁移到美国的"伦敦桥"　　　图1-10 现在的新伦敦桥

二、我国交通法规的形成

中国的道路交通管理始于上古时期。上古时期自黄帝起,历经夏、商、周各时期,至春秋战国止(约公元前2674年—公元前242年)。我国在公元前两千多年时已有牛车、马车和道路了。五帝时期道路和车辆增多,有关的管理由"司空"和"共工"两官分管。夏商时期,车和马则分别由"车正"和"牧正"管理。至周代,道路已初具规模,据《周礼》记载:"国中九经九纬,经涂九轨,环涂七轨,野涂五轨。"此时道路已经是有等级、有规则地建设了。周朝时期,中央设"司险"(官职名)负责"掌九州之国,以周知其山林川泽之阻,而达其道路";地方设"野庐氏"(官职名)负责"掌达国道路于四线,凡道路之舟击互者,叙而行之"。全国官吏统一于周礼六官,有关道路、桥梁、车、马和礼宾馆舍等政事分别由天官、地官、春官、夏官、秋官、冬官掌管,平时各有制度,非常时期各有禁令。周朝规定道路中间行车,两边行人。春秋战国时期大致沿用周制,但因诸侯割据,道路交通管理各自为政,限制了道路交通的进一步发展。

小资料

道路名称的变迁

在远古尧舜时,道路曾被称作"康衢"。西周时期,人们曾把可通行三辆马车的地方称作"路";可通行两辆马车的地方称作"道";可通行一辆马车的地方称作"途";"畛"是老牛车行的路;"径"是仅能走牛、马的乡间小道。秦始皇统一中国后,"车同轨",兴路政,最宽敞的道路,称为"驰道",即天子驰车之道。唐朝时筑路五万里,称为"驿道"。后来,元朝将路称为"大道";清朝称为"大路"、"小路"等。清朝末年,我国建成第一条可通行汽车的路,被称为"汽车路",又称"公路",由此一直沿用至今。至于"马路",则是外来语;"巷、坊、弄、胡同"等,被认为是从唐朝沿用下来的旧称,系指大道以外的路。现在,法律上的"道路"是指公路、城市道路和虽在单位管辖范围但允许社会机动车通行的地方,也包括广场和公共停车场等用于公众通行的场所。

进入中古时期(中古时期指公元前221年—公元956年,自秦统一中国起,历经汉、三国、两晋、六朝、隋、唐至五代十国止)后,公元前221年秦始皇统一中国后,进行了一系列的统一性交通建设,实现了"车同轨",并在驾驶和通行方面规定驾驶为"国子必学之道"。秦为了巩固其统治,同时也为了促进政治、文化、军事和商贸的发展,在通行方面实施"男子由左,妇人由右,车从中央"的人车分流交通法令,并以其为一统天下的大政。其路政由少府官掌管,马政由太仆掌理。驿站管理实行"大率十里一亭,亭有亭长,十亭一乡,皆秦制也"(《通典·汉书卷19上》)。秦代的"亭"类似于现在的警察系统,除管辖民政、维持治安和供过往客人食宿外,还起监视盘查旅客行迹的作用。由此可见,我国的全国性道路交通管理规范性法令,兴于秦代。汉代时,长安城实行"右为入,左为出,中为御道"即右侧通行制。三国时期至隋唐,人们交通往来相互畅通,交通活动被交通法令所制约,车、马、驿站统由兵部尚书管辖,其主要负责车、马、牛等交通工具的统计、注册及人员办理出入关口的政令和驿站的管理等工作。唐代时,交通已很发达,"黄尘雾合,车马火热"(唐·贯休),"薄晚啸游人,车马乱驱尘"(唐·长孙正隐),唐太宗采纳中书令马周的建议，城市实行入由左、出由右的左侧通行制，并建驿站1 297个，遍布全国。

自宋代起，历经元、明至清朝止（约公元960年—1911年）为我国的近古时期。唐朝在末期时分裂为五代十国，路政紊乱，交通阻塞。宋代的交通管理沿用唐制，但交通管理日趋正规化，《仪制令》中要求驾车"贱避贵，少避长，轻避重，去避来"，意思是在道路上通行时，行人要注意礼让，不要争抢；平民百姓要给官员让路；年纪轻的要给长者让路；轻装的车轿要给载重的车轿让路；出城的要给进城的让路。至元代，道路交通发达，横贯欧亚大陆，有一系列完善的管理规章，由中央的兵部具体管辖。元代建都北京，设钟鼓楼，其既是报时中心，又是交通信号。夜间击鼓三声，禁止一切车马行人通行。明代在交通工具上和运输贸易往来上更为发达。清朝初年国土扩大，陆路交通区域较明代末年更广泛，但在交通管理上，仍采用明代的管理体制和方法。清末，汽车引入了中国，从此，我国的交通工具由人力、畜力发展到机械驱动，道路交通也进入了一个新的时期，也就是我国近代的道路交通兴起和发展时期。

小资料

交通法规《仪制令》

唐代是我国封建社会法制制度十分完备的时期，律、令、格、式的法律体系涵盖了民事、刑事和经济等多方面的规定，同时也包含了交通管理方面的内容，《仪制令》即为这方面的典范。仪制是朝廷颁布的法规礼节，即社会奉行的礼仪制度；令即命令，是根据礼仪制度而下达的命令，带有法律的强制性。唐代尊卑贵贱之等级制度均由令来规定。唐太宗贞观十一年（637年）颁发的《唐律·仪制令》中规定："道路街巷，凡行路之间，贱避贵，少避长，轻避重，去避来。"这也就是当时的交通规则。"违者，得笞五十。"（《唐律疏议》）

《仪制令》盛行于宋代。因当时交通工具混杂，有车、船、轿子和牲口几大类，且秩序混乱，故朝廷下诏，令京都及各州县在城内主要交通路口悬挂木牌或竖立石碑，上书《仪制令》作为交通规则，人人都要遵守。

在陕西略阳县城南7km处的灵崖寺内，有一块南宋淳熙八年（1181年）刻制的《仪制令》石碑（图1-11）。这块石碑嵌于灵崖寺大殿左侧房西墙边，高约60cm，宽约45cm，厚约10cm。石碑上部刻"仪制令"3个大字；下部刻"贱避贵，少避长，轻避重，去避来"，竖排4行；款识"淳熙辛丑邑令王立石"。"淳熙"为南宋孝宗（赵昚）的年号，"辛丑"为淳熙八年（1181年），时略阳县令为王某。这块交通规则石刻，是我们能够看到的我国最早记录交通法规的文物遗存，比福建省松溪县出土的南宋开禧元年（1205年）《仪制令》石刻要早24年。

1964年，建筑工人在略阳县城东八渡河挖沙采石时，挖掘出了沉睡于河床沙石之中近800年的《仪制令》石碑，碑文完整，文字清晰可辨，遂移入灵崖寺内，为人们研究古代交通管理史提供了重要的实物资料。

图1-11 陕西略阳县的南宋交通法规《仪制令》石碑

上海是我国公路交通管理的发源地,它地处与外国交往的通商口岸,鸦片战争后被辟为租界,与工业发达国家接触较早。1901年冬天,一个叫李恩时(Leinz)的匈牙利人,从中国香港运入2辆美国生产的奥兹莫比尔(Oldsmobile)汽车(图1-12)到上海,专供外国人使用。当时,它们行驶在公共租界、出没于公馆洋房,成为我国汽车之先声。面对这西洋来的"怪物",上海公共租界工部局捐务处不知道该将其归于何类。1902年1月30日的例会中,捐务处决定暂时将汽车归在马车项下,当局即对汽车按马车进行管理。有意思的是,工部局在当年(1902年)除决定增设汽车执照专门项目之外,还起草制定了车主应遵守的规则,也就是

图1-12　1901年款奥兹莫比尔 (Oldsmobile) 汽车

说,我国第一部汽车交通法规也由此萌芽。到1903年,上海已有汽车5辆,清政府开始发给其行车执照准其行驶。同时,清政府首次在天津设交通警察。1905年,北京巡警厅警务处内设立了专项从事交通管理的交通股。至此,我国有了专门的交通管理机构。此后,在广州、上海、青岛等地也相继设立了交通股。到20世纪20年代末期,在上海英法租界内规定通行的车辆靠左行,并于道路拐弯的地方设红绿灯指挥交通,在繁华地段设立交通标志控制交通,这是我国道路交通管理划时代的变化。

小资料

中国最早的汽车

1901年,李恩时(Leinz)的奥兹莫比尔(Oldsmobile)汽车被归在马车项下,从轻征税,每月税银是两个大洋。这两辆汽车的车身同现在的吉普车差不多大小,外形与当时的敞篷马车相仿。其中的一辆装有凉棚式车顶,另一辆装的是可以折叠的软篷,与黄包车的车篷相似,因此老上海人还是习惯称轿车为"小包车"。每辆汽车都只能乘坐3人:前面是驾驶人,后面是双人客座。这两辆汽车的车轮是木质轮轴,装有实心橡胶轮胎,车前面没有风窗玻璃,同现在的汽车大不一样。

第一个拥有私人汽车的中国人是慈禧太后,时间是1902年。该车(图1-13)采用后置三缸、功率为4.4~7.4kW的汽油水冷四冲程发动机;变速器为二档行星齿轮式,通过传动带传到后轴以驱车行驶;4个轮子,前面的两个小,后面的两个大,轮胎是橡胶的,12根辐条却是木制的;转向盘由两个同轴不同直径的轮子组成,其中小轮上插一个摇把,很像轮船上的舵轮;车身为木质敞开式,双排座位,简单的顶篷由6根铁棍支撑;两只金色的车灯,是手提式马灯,像螃蟹的两只眼睛,分挂车头的两边;外形留有18世纪欧洲贵族马车的痕迹。

一说这辆车是美国人杜里埃兄弟(C. E. Duryea and J. F. Duryea)于1898年设计制造的。但也有人认为,这辆车是德国第二代奔驰牌轿车(早先颐和园的展牌上就写有"德国第二代奔驰"的字样)。《清宫琐记》一书说,这辆汽车是袁世凯从中国香港买进后献给慈禧太后的。传说,曾有一位德国游客见到此车,十分惊喜地认定此车是德国奔驰轿

车，提出愿以10辆新车相换。但由于该车属于文物，那位游客当然无法如愿。还有一说，此车是法国使馆赠送慈禧的礼物。现在看来，这辆老爷车真是"来历不明"。

慈禧要乘坐汽车的消息一经传出，可惊坏了大臣们。他们纷纷上奏，劝慈禧不要乘汽车。他们说："历朝帝王，未闻有以万乘之尊轻托之于此风驰闪电之车者……"可慈禧不听，满心要乘车取乐。但当慈禧见到汽车驾驶人坐在她前面时，却感到有失尊严，便命令驾驶人孙富龄跪下开车。可是跪着怎么开车？尽管慈禧恼羞成怒，却又无可奈何，只得仍去坐她的16抬大轿。该车也就长期放置，无人过问了。后来，这辆汽车由故宫转移到现在的颐和园，20世纪70年代初经修整后展出。

图1-13 慈禧太后的御用轿车

随后，全国各地陆续引进汽车。由于当时人、车、路各方面的原因，时常有行车事故发生，威胁着人们生命的安全，并殃及财产，所以当时有人把汽车称为"市虎"。为了应对这种状况，1927年，上海市政府成立了公用局，该局的第四科负责华界的交通管理工作。在车辆行驶管理方面，租界的交通指挥归巡捕房负责，华界的交通指挥仿租界的管理形式，划归警察局管理。在车辆、驾驶人方面，当时的政府也采取了一些管理措施，如设考验场办理车辆检验和驾驶人考试等事宜。到了20世纪30年代初，当时的政府对全国车辆核发统一号牌，并成立了汽车牌照管理所，制定了汽车驾驶人考取执照的统一办法。1934年12月，国民政府制定颁发了《陆上交通管理规则》。这部规则共有103条，包括总则、车辆、车辆驾驶人、行车、停车、车辆载重、车辆肇事、道路、标志、牲畜及附则共11个部分，是我国近代第一部交通规则。

小资料

中国最早的交通警察

旧上海时期，很多印度人充当了外国租界里的巡警和交警（图1-14）。图1-15、图1-16和图1-17分别为20世纪30年代的上海滩交通、20世纪30年代上海交通警察、20世纪40年代北平（现北京）的交通警察。

图1-14 驶往静安寺的2路有轨电车和指挥交通的印度籍交通警察

图 1-15　20 世纪 30 年代的上海滩交通

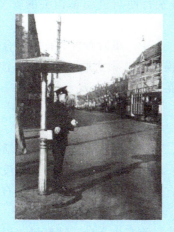

图 1-16　20 世纪 30 年代上海交通警察

图 1-17　20 世纪 40 年代北平（现北京）前门附近的交通警察

新中国成立后，我国道路交通管理方面的法规不断得到完善。1950 年 3 月 20 日，交通部颁布了《汽车管理暂行办法》，同年 7 月 15 日发布了实施细则，这是中华人民共和国成立以后的第一部交通法规；1951 年，公安部颁布了《城市陆上交通管理暂行规则》，并于 1955 年 8 月 19 日修订为《城市交通规则》；1960 年 2 月 11 日，经国务院批准，交通部发布了《机动车管理办法》；1960 年 8 月 27 日，交通部颁布了《公路交通规则》；1972 年 3 月 25 日，公安部和交通部联合颁布了《城市和公路交通管理规则（试行）》；1988 年 3 月 9 日，国务院颁布了《中华人民共和国道路交通管理条例》；2003 年 10 月 28 日，第十届全国人大常务委员会第五次会议通过了《中华人民共和国道路交通安全法》；2004 年 4 月 30 日，国务院颁布了《中华人民共和国道路交通安全法实施条例》（国务院令第 405 号）等。

第三节　国外汽车法规简介

一、国外汽车管理的特点

第一，国外汽车管理有完善的法律体系。法律体系的第一层级是国际性条约及法规；第二层级是国内最高立法机构制定的法律，其主要效力在于，明确各级政府在车辆管理领域的基本职能，界定了政府与企业、市场之间的关系；第三层级是机动车辆主管部门制定的技术法规体系，主要包括产品型式认证制度、机动车注册制度、车辆检查制度和车辆维修制度四个方面。

第二，国外汽车管理采用集中化的纵向管理模式。一种是以欧洲为代表的"一部制"模式，即由一个主管部门集中行使与机动车相关的职能；另一种是以美国为代表的"两部制"模式，即由运输部（DOT）和环保局（EPA）分别行使与机动车相关的安全、节能、防盗和环保职能。

第三，发达国家在机动车管理上基本实现了事前、事中、事后管理的有机结合。其机动车管理纳入整个国家交通管理体系当中，其交通管理模式为"大交通"，即由一个交通主管部门统一行使航空、公路、铁路和水路运输的管理职能。

二、汽车法规的全球化

汽车已经成为人类生产和生活中不可缺少的工具，它影响到了人类生产和生活的方方面面，同时也带动了世界的进步。但在很长一段时间内，汽车业管理是各国自管，没有统一的全球性技术法规。这在汽车的投资、生产和贸易还没有走向全球化的时代，并没有显示出大的矛盾。

但随着汽车工业的迅速发展，汽车技术的不断进步，汽车生产量、销售量、保有量的大幅度增长，汽车的普及和使用带来的交通事故、排气污染和噪声以及能源短缺等问题，越来越被各国所重视。在这种情况下，为了满足有关安全、环境保护和节约能源等方面的要求，世界各国的有关立法部门和国际组织都有意识地制定了若干规定和法律，并以强制性的"法规"形式加以颁布和实施。汽车技术法规是汽车制造者、销售者以及使用者都必须遵守的法规，并已成为汽车技术和制造的标准，是汽车认证和进出口商品检验的主要技术标准。所以，在1958年，联合国欧洲经济委员会（UN/ECE）率先制定了《关于采用统一条件批准机动车和部件互相承认批准的议定书》（即《1958年协定书》）。

随着汽车工业全球化步伐的不断推进，汽车企业已经不再局限于本国市场，而是在世界各地建立根据地，不断扩大经营规模，而不同的国家往往有着不同的技术和环保法规。针对不同地区的不同法规对产品进行调整，就成了汽车生产厂家的一个麻烦事。随着经济全球化的推进，越来越多的国家开始意识到，各自为政的技术法规体系严重地阻碍了汽车产品在全球范围内的自由流通，并认识到了制定全球统一技术法规的重要性。1995年，一些国家打算在欧洲《1958年协定书》的基础上加以修改，出台一个全球性的法规。但在修改的过程中遇到了不可克服的困难，即有关认证制度受各国经济、文化、法律及人文因素的制约难以协调。于是，成立新的运作体系来制定新的协定书成为了各国的共识。1998年，联合国世界车辆法规协调论坛（UN/WP29）推出了《全球性汽车技术法规协定书》（即《1998年协定书》），使汽车技术法规逐渐真正走向全球。由于该协定书只涉及法规，不涉及认证，所以各国都能接受。

2003年6月23日，联合国世界车辆法规协调论坛第130次会议上，一份名为《在全球技术法规中使用的统一定义和规程的特别决议》的文件获得正式通过。行业内，这份文件被简称为《S.R.1》（第一号特别决议）。

《S.R.1》主要规定了在其他所有全球技术法规中使用的有关车辆定义等最基础的内容。在1998年《全球性汽车技术法规协定书》出台之后，全球统一汽车技术法规就被提上议事日程。由于不同国家的汽车技术法规对车辆的定义、分类、质量、尺寸等规定都不尽相同，因此在制定全球统一技术法规之前，必须先将这些概念统一起来。可以说，《S.R.1》的出台为后续的各项全球技术法规的制定扫清了障碍，也为各国调整各自现有的技术法规提供了充分的时间。

联合国世界车辆法规协调论坛及其管理委员会第143次会议，于2007年11月12日—16日在日内瓦联合国办事处召开。我国国家发展和改革委员会组团参加了此次会议。参加会议的有《1958年协定书》和《1998年协定书》缔约方政府的代表以及国际汽车制造商、消费者、标准化组织等的代表。此次会议在《1998年协定书》框架下继续讨论《全球统一汽车技术法规》（GTR）的修订工作，协定书缔约方大会表决通过了两项已发布的GTR的修订、勘误本。

汽车技术法规引起全球性的认同应该说不是偶然的，而是汽车行业发展的必然产物。所以如果说汽车产业是社会发展进步的主要动力，那么汽车技术法规的出台，就是这个动力的推进剂。

全球汽车法规何时能走向统一无从得知，但汽车技术法规的国际化已是大势所趋。

三、汽车认证制度

认证制度又称为合格评定程序，是指任何直接或间接确定技术法规或标准中相关要求是否被满足的程序。它是为进行认证工作而建立的一套程序和管理制度。

目前，国际上的汽车认证制度主要有美国、欧洲和日本三种类型。这三种认证制度经过几十年的运转和不断改革，体系已相当完善，已成为其他国家建立汽车认证制度的样板，它们遵循的各项原则也已成为国际惯例。

美国、欧洲和日本在汽车管理上最明显的特征是基本上只设一个主管单位（通常是运输部门），由该部门依据《道路车辆法》《大气污染防治法》《噪声防治法》和《节能法》等管理汽车行业，并在所有这些法律的基础上，制定一系列的技术法规和管理制度，比如《机动车注册制度》《产品认证制度》《车辆检查制度》和《车辆维修制度》等。

1. 美国：自我认证，强制召回

美国的汽车认证管理采取"自我认证，强制召回"的模式。1953年，美国在世界上首先颁发《联邦车辆法》，政府由此开始对车辆进行有法可依的管理。与美国的政体一样，美国汽车法规有联邦法规，也有州法规。美国联邦统一的汽车认证主要分为安全认证和环境保护认证，汽车制造商按照美国联邦汽车法规的要求自行对生产的汽车进行检查和验证。美国政府主管部门的任务是对产品进行抽查，以保证车辆的性能符合法规要求。如果抽查发现车辆不符合安全法规要求，主管机关将强制制造商召回相关汽车。

在美国，如果企业认为产品符合法规要求，即可投入生产和销售。因此说，"自我认证"体现了美国式的自由——汽车制造企业对自己的产品具有直接发言权。在美国，汽车安全的最高主管机关是隶属于运输部的国家公路交通安全管理局（NHTSA）。为确保车辆符合联邦机动车安全法规的要求，公路交通安全管理局可随时在制造商不知情的情况下对市场中销售的车辆进行抽查，也有权调验厂家的鉴定实验室数据和其他证据资料。如果抽查发现车辆不符合安全法规要求，主管机关将向制造商通报，责令其在限期内修正，并要求制造商召回故障车辆，这就是所谓的强制召回。同时，如果不符合安全法规的车辆造成了交通事故，汽车制造企业将面临高额惩罚性罚款。在这种严厉的处罚背景下，汽车制造企业对产品设计和生产过程中的质量控制不敢有丝毫懈怠，而且对召回非常"热心"，一旦发现车辆质量瑕疵，就主动召回，不然如果汽车质量问题被公路交通安全管理局查出，会受到相当严厉的惩罚。因此，美国的自我认证方式，尽管表面看来较宽松，实际上汽车制造企业要真正为自己的产品负责，所以制造商并不敢弄虚作假。

2. 欧洲：型式认证，自愿召回

欧洲各国实行的是汽车型式认证制度（European Type Approval），就是确认新设计产品的样品是否符合专门的性能标准，并将产品的技术条件登记在案，将其作为型式批准的唯一技术条件。欧洲的认证制度与美国的区别在于，美国是由企业自己进行认证，欧洲则是由独立的第三方认证机构进行认证，而且欧洲对流通过程中车辆质量的管理没有美国那样严格，他们是通过检查企业的生产一致性来确保产品质量的。因此可以说，美国对汽车的管理是推动式的，政府推着企业走；而欧洲对汽车的管理则是拉动式的，政府拉着企业走。欧盟安全合格认证标志及英国皇家认可委员会认证标志如图1-18、图1-19所示。

图1-18　欧盟安全合格认证标志　　图1-19　英国皇家认可委员会认证标志

欧洲各国的汽车认证都是由本国的独立认证机构进行的，但标准则是全欧洲统一的，依据的是ECE法规（Economic Commisssion of Europe）和欧盟EC指令，主要有E标志认证和e标志认证两类。E标志认证源于ECE法规。这个法规是推荐性的，不是强制标准。也就是说，欧洲各国可以根据本国具体法规操作。E标志证书涉及的产品只是零部件及系统部件，不包括整车认证。获得E标志认证的产品，是为市场所接受的。e标志认证是欧盟委员会依据 EC 指令强制成员国使用整车、安全零部件及系统的认证标志。它的测试机构必须是欧盟成员国内的技术服务机构，比如德国的 TUV（图 1-20）、荷兰的 TNO、法国的 UTAC、意大利的 CPA 等。其发证机构是欧盟成员国政府交通部门，如德国的交通管理委员会（KBA）。像欧元在欧盟成员国自由流通一样，获得 e 标志认证的产品各欧盟成员国都认可。

在表达形式上 e 标志分为两种，一种是长方形外框，一种是圆形外框，分别代表不同的含义。长方形外框指在车辆停止或行驶状态下，均可正常使用但不是必须使用的产品，例如车载充电器、车载加热坐垫和车载电视等；圆形外框指在车辆停止和行驶状态下，均必须使用的产品，例如风窗玻璃、安全带和前照灯等。

2002 年欧洲经济委员会（ECE）规定 E/e 标志后面的数字代表颁发该证书的各个相关国家的代号：1——德国；2——法国；3——意大利；4——荷兰；5——瑞典；6——比利时；7——匈牙利；8——捷克；9——西班牙；11——英国；12——奥地利；13——卢森堡（图 1-21）；14——瑞士；16——挪威；17——芬兰；18——丹麦；19——罗马尼亚；20——波兰；21——葡萄牙；22——俄罗斯；23——希腊；25——克罗地亚；26——斯洛文尼亚；27——斯洛伐克；28——白俄罗斯；29——爱沙尼亚；31——波黑；37——土耳其。

E 标志只有一种圆形外框，为汽车零部件认可标志。

图 1-20　德国 TUV 认证标志

图 1-21　卢森堡 e 标志和卢森堡 E 标志

从 2002 年 10 月起，车辆类电子及电子零部件原先申请的 CE 认证不再有效，必须申请 E/e 认证证书后方可在欧洲市场销售。

要获得 E 标志或 e 标志，产品首先要通过测试，生产企业的质量保证体系至少要达到 ISO 9000 标准的要求。据德国的认证机构 TUV 介绍，德国的汽车质量保证体系审核及认证标准很严格，依据的是 ISO 9000、QS 9000、ISO 14000、VDA 6.1 等标准。在该机构出示的汽车认证流程表中，检验项目达 47 项之多，除了噪声、排放、防盗、制动等基本项目外，仅车灯就有 6 项。

欧洲的汽车认证制度还实行自愿召回模式，即企业发现车辆有问题后，就可自行召回，但要向国家主管机关上报备案。如果企业隐瞒重大质量隐患或藏匿用户投诉，一经核实将面临重罚。

3. 日本：独具特色的型式认证

日本汽车型式认证制度产生于 20 世纪 50 年代。其汽车认证制度总体上来讲与欧洲一样，是型式认证制度，也很有特色。日本的汽车认证管理由国土交通省主管，认证体系由《汽车型式指定制度》、《新型汽车申报制度》和《进口汽车特别管理制度》三个认证制度组成。根据这些制度，汽车制造商在新型车的生产和销售之前要预先向国土交通省提出申请以接受检验，检验合格后，制造商才能拿到该车型的出厂检验合格证。其中，《汽车型式指定制度》对具有相同构造和性能，并且大量生产的汽车进行检验；《新型汽车申报制度》针对的是形式多样而生产数量不是特别多的车型，如大型载货汽车、公共汽车等；《进口汽车特别管理制度》针对的则是数量较少的进口车。

代表日本型式认证制度特点的应该是《汽车型式指定制度》，该制度审查的项目主要有：

1）汽车是否符合安全基准（车辆的尺寸、重量、车体的强度、各装置的性能、废气排放和噪声等）。

2）汽车的均一共同性（生产阶段的质量管理体制）。

3）汽车成车后的检查体制等。

以上的项目检验合格后，制造商才能拿到该车型的出厂检验合格证。获得型式认证后，该车型还要由国土交通省进行"初始检查"，目的是保证每一辆在道路上行驶的车都要达标，达标后的车辆依法注册后就可以投入使用了。如果投放市场的车辆与检验时的配备不同，顾客可以投诉。日本实行的召回制度是由厂家将顾客投诉上报至国土交通省，如果因厂家隐瞒真相，将顾客的投诉束之高阁，而造成安全问题，政府主管部门将会对厂家实行高额惩罚。

> **小资料**
>
> ### 中国强制认证
>
> 中国强制认证又称3C认证，是我国强制性产品认证制度。强制认证是世界各国政府为保护广大消费者人身和动植物生命安全、保护环境、保护国家安全，依照法律法规实施的一种产品合格评定制度。我国为履行加入世贸组织的承诺，国家认证认可监督管理委员会（简称认监委）于2001年12月3日对外发布了强制性产品认证制度，对获得认证的产品统一发放"中国强制认证"标志。中国强制认证的英文名称为China Compulsory Certification，用"3C"标志表示。
>
> 认监委于2002年5月1日起开始受理第一批列入强制性产品认证目录的19类132种产品的认证申请。2003年8月1日，认监委对这些产品的认证开始实施执法监督，凡列入强制性产品认证目录内的产品，没有获得指定认证机构的认证证书，没有按规定加施认证标志，一律不得进口、不得出厂销售和在经营服务场所使用。
>
> 3C认证标志（图1-22）的式样由基本图案、认证种类标注组成。在认证标志基本图案的右侧标注认证种类，由代表该产品认证种类的英文单词的缩写字母组成。
>
>
>
> 图1-22 中国3C认证标志
>
> 图1-23、图1-24、图1-25和图1-26所示分别为中国质量环保产品认证标志、中国环保产品认证标志、中国质量管理体系认证标志和中国质量安全认证标志。

图 1-23 中国质量环保产品认证标志

图 1-24 中国环保产品认证标志

图 1-25 中国质量管理体系认证标志

图 1-26 中国质量安全认证标志

四、几个典型的汽车法规

各国汽车法规是根据本国的经济形势、国情及交通情况独自制定的。美国是世界上法律法规体系最完备的国家之一，美国政府从维护整个社会和公众的利益出发，将汽车产品的设计与制造纳入社会管理的法律体系中，对汽车产品的设计和制造专门立法；授权汽车安全、环保、防盗和节能的主管部门制定汽车技术法规；并按照汽车技术法规对汽车产品实施法制化的管理制度，从而实现政府对汽车产品安全、环保、防盗和节能等方面的有效控制。

美国联邦政府根据国会通过的有关法律，如《国家交通及机动车安全法》《1999 年机动运载车安全提高法》《机动车情报和成本节约法》《噪声控制法》《大气污染防治法》及《机动车辆防盗法实施令》等为依据，分别授权美国运输部（DOT）和美国环境保护局（EPA）制定并实施有关汽车安全、环保、防盗和节能方面的汽车法规。

美国的道路交通安全法规主要有：道路交通法、交通法庭组织法、交通警察服务守则、驾驶员教育规定、行人安全教育规定、汽车驾驶执照规定、学生安全驾驶规章、紧急医疗服务制度、机动车辆注册法、机动车辆定期检验法、摩托车安全行驶规定、公路设计、修建与维修制度、交通工程服务规定、交通资料记录法、交通事故调查与报告规定、交通事故地点的鉴别与监护、饮酒与交通安全关系法、汽车废气与废渣的控制与清除规定等。

汽车法规关系到车主的利益、社会的利益和汽车制造公司的利益。美国用空气清洁法保证城市空气不受污染；用平均油耗法使汽车公司多生产节油车，少生产耗油车；用汽车召回法保障车主安全；用汽车保用法将汽车质量否决权交给车主，把汽车低质量的损失交给汽车公司承担。

1. 美国联邦机动车安全标准（FMVSS）

1966 年 9 月，美国颁布实施《国家交通及机动车安全法》，授权美国运输部对乘用车、多用途乘用车、载货车、挂车、大客车、学校客车、摩托车，以及这些车辆的装备和部件制定并实施联邦机动车安全标准（Federal Motor Vehicle Safety Standards，FMVSS）。任何车辆或装备部件如果与 FMVSS 不符合，不得为销售的目的而生产；不得销售或引入美国州际商业系统；不得进口。对违反此法要求的制造商或个人，美国地区法院（District Court）最高可以对其处以 1 500 万美元罚款的民事处罚；对造成人员死亡或严重身体伤害的机动车或装备的安全缺陷隐瞒不报，或制造虚假报告的制造商将追究其刑事责任，最高刑事处罚为 15 年有期徒刑。

在美国《国家交通及机动车安全法》的授权下，由美国运输部国家公路交通安全管理局具体负责制定并实施联邦机动车安全标准，这些都被收录进联邦法规集（Code of Federal Regulations，CFR）。

2. 美国汽车召回法

美国运输部接下来制定了车辆召回法，这是一个和汽车公司有直接关系的法规。运输部有权下令汽车公司召回已售出的有安全缺陷的汽车；汽车用户也可以向民间的汽车安全中心和运输部所属的国家公路交通安全管理局告发影响安全的车型，经查属实后，运输部就责令汽车公司发出车辆召回通知。公路交通安全管理局还要从每年几十万起车祸分析中发现汽车制造缺陷而作出车辆召回的决定。法规要求汽车公司在发现制造缺陷后 5 天内通知政府，然后送上一份包括通知买主和卖主的汽车召回计划。1966—1991 年，平均每年有上百种车型、600 多万辆汽车被召回，所以汽车公司对车辆召回法很重视。有时为了维护公司声誉，汽车公司请求运输部不下召回令，而由自己宣布召回。可以说车辆召回法是美国政府为保障人民生命安全而对汽车公司采取的制约措施。

3. 美国空气清洁法

美国的防止污染技术是从1970 年美国环保局公布轿车、轻型车排气清洁法开始的。此法是全世界第一个管制汽车排气的法规。1986 年美国又成为了第一个禁止使用含铅汽油的国家。美国环保局的环保法规推动了全球汽车污染控制技术的发展，也使美国排气净化技术达到了相当高的水平。

在美国噪声控制法及空气清洁法的授权下，美国联邦环境保护局制定了汽车的排气和噪声方面的汽车技术法规，这些法规都收录在美国联邦法规集（CFR）第 40 篇中。美国环保局认为，汽车工业若不能解决由它自己带来的污染问题，汽车在城市中的应用必将受到限制。

4. 美国平均油耗法

美国能源部介入汽车工业管理是从 20 世纪 70 年代的两次石油危机开始的。1973 年，中东产油国抬高石油价格，一向宣传"大就是美"的美国汽车市场立即遭到日本、西欧省油车的冲击；1974 年，美国议会指令运输部和能源部对 1980 年以后制造的新轿车和小货车，颁布一个燃料经济性改进标准；1975 年，美国政府颁布了《能源政策和储备法》，该法律是制定平均油耗法的依据。平均油耗法迫使汽车公司耗资上千亿美元，重新设计车型，重新安排生产线，将汽车的平均油耗降到了 1970 年一半（实际达到 60%）的水平。

轿车平均油耗法实施以来，车主一年可节约约 1 000 美元的汽油费，它是国家推动汽车技术进步的好杠杆，同时可以促进代用燃料的开发。

5. 美国汽车保用法（简称柠檬法）

柠檬法（由美国商务部制定）中的"柠檬"是形容车主买了一辆常出故障的汽车后，就如同口含一枚酸柠檬难受至极的状态。

柠檬法的特点是将汽车质量的否决权交给车主，将质量不好带来的损失交给汽车公司。柠檬法规定：只要符合柠檬法的条件，车主不用上法庭，只要将汽车修理收据寄给州下属的消费者协会，就可以要求换车或退款。

柠檬法的条件有三个：

1）在新车保修期或一定行程内（各州规定不同，1 年或 2 万 km 到 4 万 km 不等）。

2）出现故障的次数，通常是一般故障 3 次，涉及安全故障仅 1 次，以修理店的收据为证（各州规定不同，有的州规定为同类故障的累计，有的州规定为所有故障的累计）。

3）由于故障或修理，使得该车停用的累计工作日数（各州规定不同，从 15 天到 45 天不等）。

如果汽车的情况符合 1）和 2）条或 1）和 3）条，车主就有权申请退款、换车或索回支付的修理费。

但是，汽车因车祸、故意破坏、使用不当和疏忽造成的故障，不能得到柠檬法的保护。汽车由经销商指定维修点以外的地方进行修理所造成的故障，也不能得到柠檬法的保护。

为了得到柠檬法的保护，车主每次去经销商指定维修点修车时，都要将记录有修理项目、零件费用、人工费用及停驶天数的修理单据妥善保管，并记下送修日期和取车日期。

纽约州的柠檬法是 1983 年开始实施的，到 1990 年，12 家汽车制造商已向纽约市车主退款高达 10 亿美元，这使美国汽车公司对产品质量更加重视。

> **小资料**
>
> #### 最早研究交通安全的人
>
> 美国纽约的威廉·菲尔普斯·伊诺（William Phelps Eno，1858—1945，见图 1-27）被称为"交通安全之父"。1867 年，9 岁的伊诺和母亲坐马车回家，在十字路口遇上了交通堵塞，当时谁也没有办法使交通畅通，几十辆马车搅在一起半个多小时，最后，一个马车夫回头朝相反方向走去，大家效法，混乱才得以解决。
>
> 伊诺从此对交通问题产生了浓厚的兴趣，以后他每到一处都对交通进行认真的观察。1879 年，伊诺作为耶鲁大学二年级学生，在杂志上发表了《我们的城市交通急需改革》和《车辆管理的建议》，迈出了解决交通问题的第一步，各地报刊都转载了伊诺的文章。1900 年，纽约市警察局请伊诺起草交通管制的相关规则。伊诺欣然应允，自费出版了《驾车的规则》，这些规定于 1903 年 10 月正式被纽约市当局采纳，全国各地也相继使用伊诺的规则。于是，伊诺成了交通问题的专家，并以此作为自己的职业。后来，他又写了一系列关于交通安全的文章，停车标志、单行道、出租车停靠站、行人安全岛、交通转盘、第一个交通警察手势语都是由他倡导而设立的。1921 年，
>
>
>
> 图 1-27 "交通安全之父"菲尔普斯·伊诺

> 汽车普遍代替马车以后，伊诺又写了一本《交通的规则》，成了这方面的权威性著作。1922年，他在康涅狄格州索格坦克创建了伊诺交通基金会，成为研究交通工程、公路设计、车辆管理规则等方面的非营利性研究中心。直至今日，这一机构仍为人们工作着。

第四节 案例分析

一、中国酒后驾车被判重刑的案件

【案例】

2008年12月14日，没有驾驶证的孙某驾驶轿车，在成都蓝谷地附近与一辆轿车追尾后逃逸。孙某继续驾驶汽车越过双实线，与相对行驶的一辆轿车迎面相撞，导致4死1伤。经过鉴定，事发前孙某的车速超过134km/h，而事故路段限速60km/h；孙某体内每100mL血液中的酒精含量为135.8mg，属于深度醉酒驾车。

2008年12月27日，成都检方以"以危险方法危害公共安全罪"将孙某批准逮捕。2009年4月2日，孙某被成都市检察院提起公诉。2009年7月23日，成都市中级人民法院按"以危险方法危害公共安全罪"，判处被告人孙某死刑。判决宣告后，孙某及其父亲表示不服。孙某的父亲说："此前一个与此十分相近的案件中，肇事者也是无证酒后驾车撞死3人，但只赔付了3万多元钱，以交通肇事罪判了3年有期徒刑。"这让孙某的父亲倍感判决不公：其倾家荡产赔了110多万元，儿子孙某还被判了死刑。孙某以其不具有以危险方法危害公共安全的主观故意、原判量刑过重为由提起上诉。

那么，孙某应被判"交通肇事罪"还是"以危险方法危害公共安全罪"？

【分析】

"以危险方法危害公共安全罪"和"交通肇事罪"均属于"危害公共安全罪"，二者的主要区别在于行为人对危害公共安全的后果所持的主观心态不同。前者为故意犯罪，行为人对危害后果持积极追求或放任的心态；后者为过失犯罪，行为人应当预见到自己的行为可能造成危害后果，但因疏忽大意没有预见，或者已经预见而轻信能够避免，以致发生危害后果。

汽车作为现代交通运输工具，使社会受益的同时，由于其高速行驶的特性又易给社会造成危害，因此，国家历来对车辆上路行驶有严格的管理规定。但孙某购置汽车以后，未经正规驾驶培训及考核获得驾驶证，长期无证驾驶车辆，并多次交通违法。孙某作为受过一定教育、具有完全刑事责任能力的人，在明知国家规定的情况下，仍漠视社会公众生命和财产的安全，藐视法律、法规，长期、持续违法驾车行驶于公共道路，威胁公众安全。尤其是在本次醉酒驾车发生追尾交通事故后，孙某不计后果，以限速2倍以上的速度驾车在车辆、人流密集的道路上穿行逃逸，最终跨越道路黄色双实线，冲撞多辆车辆，造成4死1伤、公私财产损失数万元的严重后果。

四川省高级人民法院二审认定，孙某对其行为可能造成严重危害公共安全的后果完全能够预见，孙某虽不是积极追求这种结果发生，但完全放任这种结果的发生，未采取任何避免的措施，其行为完全符合刑法关于以危险方法危害公共安全罪的构成规定。但孙某系间接故意犯罪，不希望也不积极追求危害后果的发生，与驾车撞击车辆、行人并造成重大伤亡后果的直接故意犯罪有所不同，且被害人家属出具了谅解书，故依法可从轻处罚。因此，孙某尚不属罪行极其严重必须施予极刑的犯罪。2009年9月8日，四川省高级人民法院以"以危险方法危害公共安全罪"判处孙某无期徒刑，剥夺政治权利终身。

 小资料

中国第一例酒后驾车被判极刑的案件

1997年8月24日，苏磊与其父苏东海各骑一辆自行车行驶在回家的路上，被迎面而来的一辆小汽车撞到。苏磊被撞后，小汽车的后轮从其身上碾过；苏东海连同自行车被挂在小汽车底盘上，被拖行1 500m，直至武警的车辆逼近才迫使小汽车停下来。结果，苏磊死亡，苏东海重伤。肇事驾驶人系郑州市二七区公安分局局长张金柱。该案被媒体曝光后，群情激愤，舆论哗然。1997年12月3日，曾身为公安局长的张金柱被以故意杀人罪判处死刑（图1-28），于1998年2月26日执行。

图1-28　中国第一例酒后驾车被判极刑审判情景

二、玩"碰瓷"，制造假交通事故

【案例】

2008年6月21日上午，被告人黄某与范某来到某路段，按照事前商定好的作案方法，制造假交通事故，以骗取驾驶人钱财。当时，黄某骑自行车搭乘范某，向对面行驶而来的万某驾驶的白色小货车撞去。两被告人在撞击前先行跳车。撞击后，黄某即告诉万某说其撞到人了。后两人将范某送医院进行检查，发现范某手臂"骨折"（范某的手臂已事先打折）了。万某赔偿了范某3 300元以医治手臂。

玩"碰瓷"，制造假交通事故，如何定罪？

【分析】

法院审理后认为，被告人范某与黄某以非法占有为目的，采取虚构事实和隐瞒事实真相的方法，骗取他人数额较大的财物，其行为已构成诈骗罪。依照《中华人民共和国刑法》第266条、第17条第1款、第27条、第68条、第72条之规定，最终法院以诈骗罪判处被告人黄某有期徒刑 1 年零 6 个月，并处罚金人民币 6 000 元；以诈骗罪判处被告人范某有期徒刑 1 年，并处罚金人民币 5 000 元。

三、走路也可能"走出"交通肇事罪

【案例】

一青年女子黄某在深夜一边打手机一边在道路上来回走动，一辆拖拉机为了避让她而与迎面车辆相撞，当场造成 3 人死亡、3 人受伤、两车损坏的特大交通事故。

黄某是否应承担事故责任？

【分析】

行人黄某违反了《中华人民共和国道路交通安全法》第 62 条及《中华人民共和国道路交通安全法实施条例》第 75 条的规定，是造成事故的一方；拖拉机驾驶人江某违反了《中华人民共和国道路交通安全法》第 22 条、第 38 条的规定，是造成事故的另一方。

法院审理后认为，黄某违反了道路运输管理法规，在没有交通信号的道路上行走时，没有在确保安全畅通的原则下通过，因而发生了 3 人死亡和两车辆损坏的特大交通事故，应负事故的同等责任。其行为已经触犯了《中华人民共和国刑法》第 133 条的规定，构成交通肇事罪，因此依法判处黄某有期徒刑 6 个月。

四、商标近似应担责

【案例】

2003 年 11 月 16 日，日本本田（HONDA）把中国重庆力帆告上法庭，称力帆的"轰达"（HONGDA）商标涉嫌侵权"宏达"（HONDA），要求索赔 1 251 万余元，并要求停止侵权，赔礼道歉。本田公司认为，涉案的力帆车上带有"HONGDA"标志，与本田著名的"HONDA"商标相比只多了一个"G"，这种行为将误导消费者认为标有"HONGDA"的摩托车与本田有什么联系，侵犯了"HONDA"在中国的商标专用权。

那么，这种误导消费者的行为，是否侵犯了商标专用权呢？

【分析】

法院审理认为，"HONGDA"标志与本田注册商标"HONDA"二者相近似，涉案的"力帆"摩托车上使用的"HONGDA"标志，已构成了对"HONDA"注册商标专用权的侵犯。法院一审判决，力帆实业公司赔偿本田公司 147 万余元，并停止制造、销售标有"HONGDA"等标志的侵权产品。

第二章 道路交通安全法

我国实行改革开放以来，道路交通的迅速发展，对经济和社会发展起到了重要的推动作用。但从总体上看，我国道路交通的发展与经济、社会发展不相适应，道路交通安全形势严峻，城市道路拥堵问题日趋严重，在一定程度上制约了经济的发展。上述问题的产生，一个重要而直接的原因是道路交通法制不健全，道路交通管理和执法缺少必要的、高层次的法律依据。

历经两届全国人大常委会4次会议审议、凝结两届常委会组成人员心血、备受社会关注的道路交通安全法，经过近两年的立法机关的审议程序，最后终于正式成为法律。这部与每个人切身利益密切相关的法律，充分体现了依法管理、公平与便民的基本原则，以保障道路交通的有序、安全、畅通为指导思想，明确了依法管理、以人为本、道路交通和谐发展的基本理念，突出了以人为本的思想，确立了管住重点、方便一般、简化手续、提高效率的总体思路，生动地反映出立法机关对公民生命的尊重和合法权益的保护，在我国立法方面实现了新的突破。

道路交通安全法的颁布实施，将对维护道路交通秩序、预防和减少交通事故、确保道路交通安全、提高道路通行效率发挥重要作用。

第一节 概 述

一、道路交通安全法的特点

道路交通安全法的颁布实施，是我国道路交通法制建设历程中的一座里程碑，是我国道路交通事业全面走向法制时代的崭新开端。

道路交通安全法是我国第一部全面规范道路交通活动中参与人权利义务关系的基本法律，具有很强的特点：

1）注重以人为本，保护交通参与人的人身安全，特别是保护行人和非机动车驾驶人的合法权益。

2）坚持统一管理，明确了政府以及公安交通管理部门的职责，也明确了社会团体、教育部门、新闻媒体等社会各界的责任和义务。

3）强调协调发展，明确提出了政府应当保障道路交通安全管理工作与经济建设和社会发展相适应的观点。

4) 倡导科学管理，鼓励运用科学技术，不断提高交通管理工作的科学化、现代化水平。

5) 完善法律制度，通过设立机动车登记制度、报废制度、保险制度、交通事故社会救助制度、机动车驾驶证许可制度、累积记分制度等一系列制度来进一步规范和加强交通管理。

6) 强化职能转变，规定政府相关部门应退出一些事务性、收费性、审批性的工作事项，明确规定了规范执法的监督保障体系，以解决社会和群众普遍关心的乱扣、乱罚问题。

7) 严肃追究责任，按照过罚相当的法律原则，对酒后驾车、超载、超速等严重影响交通安全的交通违法行为，给予严厉的处罚措施。

8) 倡导遵章守法，在注重以人为本、保护弱者的同时，强调行人和非机动车驾驶人要提高交通安全意识，自觉遵守交通规则，共同维护良好的交通秩序。

 小资料

收到最多罚款单的驾驶人

1985 年—1988 年，美国纽约城的塞娃·马图斯共收到了 2 899 张罚款单，罚金共 171 746 美元，如图 2-1 所示。她把她的车登记成 19 个地址和 36 个不同牌照，在警方要收缴罚款时失踪了。

图 2-1 "女士，您违章了！"

二、道路交通安全法概要

1. 立法宗旨和立法目的

"为了维护道路交通秩序，预防和减少交通事故，保护人身安全，保护公民、法人和其他组织的财产安全及其他合法权益，提高通行效率，制定本法。"（第 1 条）

作为道路交通方面的基本法律，保障道路交通"有序、安全、畅通"是对其立法目的的完整表述。立法的目的体现在 4 个方面：

1) 维护道路交通秩序。道路交通秩序主要包含：通行秩序，包括机动车通行秩序、非机动车通行秩序和行人通行秩序；车辆停放秩序；非交通占道秩序等。

2) 预防和减少交通事故的发生。当前道路交通事故高发的原因，一是交通需求矛盾突出；二是人们的交通安全意识和交通法制意识淡薄；三是道路交通法律、法规滞后于守法和执法的需要。

3）保护公民、法人和其他组织的合法权益。其包括：预防和减少交通事故，以使公民的人身安全，公民、法人和其他组织的财产安全得到保障；公民、法人和其他组织的通行权利、受到良好服务的权利等应受到尊重，不受侵害。

4）提高通行效率。

2. 效力

"中华人民共和国境内的车辆驾驶人、行人、乘车人以及与道路交通活动有关的单位和个人，都应当遵守本法。"（第2条）

效力范围包括3个方面：

1）空间效力：中国境内的道路上。

2）时间效力：自2004年5月1日起施行。

3）对人的效力：车辆驾驶人、行人、乘车人，以及进行与道路交通有关活动的自然人、法人和其他组织。

3. 道路交通安全工作应遵循的基本原则

"道路交通安全工作，应当遵循依法管理、方便群众的原则，保障道路交通有序、安全、畅通。"（第3条）

1）依法管理的原则。此原则包括：依法行政，依法办事；控制执法的随意性，防止滥用自由裁量权；对违法执法行为承担法律责任。

2）方便群众的原则。交通管理部门在依法开展道路交通工作中，应尽可能为交通参与人提供必要的便利和方便，从而保障交通参与人进行交通活动目的的顺利实现。

4. 政府的职责

"各级人民政府应当保障道路交通安全管理工作与经济建设和社会发展相适应。县级以上地方各级人民政府应当适应道路交通发展的需要，依据道路交通安全法律、法规和国家有关政策，制定道路交通安全管理规划，并组织实施。"（第4条）

政府在道路交通管理方面的主要职责是：引导道路交通与国民经济、社会发展和城乡建设规模协调发展；鼓励对道路交通的科技、教育投入；促进道路交通工具构成的合理及优化；监督机动车符合安全、环保、节能的要求；优先发展公共交通；普及道路交通安全知识等。

政府的职责中，最重要的是制定道路交通安全管理规划。其包括：公共交通优先规划，道路、设施的安全畅通规划，交通规划、停车场建设规划，对交通工具结构优化的规划，对机动车辆安全性能监督、环保监督的规划，自行车和行人交通管理规划，发挥公路交通运输管理职能作用规划。

5. 相关部门职责

"国务院公安部门负责全国道路交通安全管理工作。县级以上地方各级人民政府公安机关交通管理部门负责本行政区域内的道路交通安全管理工作。县级以上各级人民政府交通、建设管理部门依据各自职责，负责有关的道路交通工作。"（第5条）

目前，我国的道路交通安全立法、维护交通秩序、处理交通事故、车辆安全检验、驾驶人考核与发牌发证和交通安全宣传教育等工作，由公安部门负责；公路的发展规划、科研设计、建设养护、规费征收、路政、运政及有关上述工作的法规建设由交通部门负责；城市规划行政主管部门负责对城市道路与停车场的规划；市政主管部门负责对道路的规划、建设及管理；城市客运出租汽车管理部门负责对城市客运出租汽车的管理；交通部门负责对营业性客货运输的管理。

6. 交通安全宣传教育义务

"各级人民政府应当经常进行道路交通安全教育，提高公民的道路交通安全意识。公安机关交通管理部门及其交通警察执行职务时，应当加强道路交通安全法律、法规的宣传，并模范遵守道路交通安全法律、法规。机关、部队、企业事业单位、社会团体以及其他组织，应当对本单位的人员进行道路交通安全教育。教育行政部门、学校应当将道路交通安全教育纳入法制教育的内容。新闻、出版、广播、电视等有关单位，有进行道路交通安全教育的义务。"（第6条）

7. 科学管理

"对道路交通安全管理工作，应当加强科学研究，推广、使用先进的管理方法、技术、设备。"（第7条）

一是加强基础科学的研究和应用，以实现宏观决策的科学化；二是加强科学技术应用，以实现交通管理手段的科学化、现代化；三是加强专业技术培训，以建设一支既懂业务又懂技术的交通民警队伍，并提高其整体科技水平。

 小资料

机动车所有人

机动车所有人包括个人和单位两种。个人是指我国内地的居民和军人（含武警）以及中国香港特别行政区、中国澳门特别行政区、中国台湾地区居民，华侨和外国人，单位是指机关、企业、事业单位和社会团体以及外国驻华使馆、外国驻华领事馆和外国驻华办事机构及国际组织驻华代表机构。

三、道路交通安全法中有关车辆管理的规定

1. 机动车登记制度

"国家对机动车实行登记制度。机动车经公安机关交通管理部门登记后，方可上道路行驶。尚未登记的机动车，需要临时上道路行驶的，应当取得临时通行牌证。"（第8条）

本条主要包括：

1）机动车实行登记制度。
2）上道路行驶的机动车需要经过登记。
3）机动车登记机关是公安交通管理部门。
4）机动车未登记上道路行驶的，应当申领特殊牌证。

2. 机动车登记手续、时限

"申请机动车登记，应当提交以下证明、凭证：（一）机动车所有人的身份证明；（二）机动车来历证明；（三）机动车整车出厂合格证明或者进口机动车进口凭证；（四）车辆购置税的完税证明或者免税凭证；（五）法律、行政法规规定应当在机动车登记时提交的其他证明、凭证。"

"公安机关交通管理部门应当自受理申请之日起五个工作日内完成机动车登记审查工作，对符合前款规定条件的，应当发放机动车登记证书、号牌和行驶证；对不符合前款规定条件的，应当向申请人说明不予登记的理由。"

"公安机关交通管理部门以外的任何单位或者个人不得发放机动车号牌或者要求机动车悬挂其他号牌，本法另有规定的除外。"

"机动车登记证书、号牌、行驶证的式样由国务院公安部门规定并监制。"（第9条）

除军车和拖拉机外，上道路行驶的机动车的登记、登记证书、号牌、行驶证相关事项只能由公安机关交通管理部门办理。

3. 机动车登记时的安全技术检验

"准予登记的机动车应当符合机动车国家安全技术标准。申请机动车登记时，应当接受对该机动车的安全技术检验。但是，经国家机动车产品主管部门依据机动车国家安全技术标准认定的企业生产的机动车型，该车型的新车在出厂时经检验符合机动车国家安全技术标准，获得检验合格证的，免予安全技术检验。"（第10条）

机动车国家安全技术标准，是指《机动车运行安全技术条件》（GB 7258）。

4. 悬挂机动车号牌，放置标志

"驾驶机动车上道路行驶，应当悬挂机动车号牌，放置检验合格标志、保险标志，并随车携带机动车行驶证。机动车号牌应当按照规定悬挂并保持清晰、完整，不得故意遮挡、污损。任何单位和个人不得收缴、扣留机动车号牌。"（第11条）

5. 机动车异动登记

"有下列情形之一的，应当办理相应的登记：（一）机动车所有权发生转移的；（二）机动车登记内容变更的；（三）机动车用作抵押的；（四）机动车报废的。"（第12条）

6. 机动车检验制度

"对登记后上道路行驶的机动车，应当依照法律、行政法规的规定，根据车辆用途、载客载货数量、使用年限等不同情况，定期进行安全技术检验。对提供机动车行驶证和机动车第三者责任强制保险单的，机动车安全技术检验机构应当予以检验，任何单位不得附加其他条件。对符合机动车国家安全技术标准的，公安机关交通管理部门应当发给检验合格标志。"

"对机动车的安全技术检验实行社会化。具体办法由国务院规定。"

"机动车安全技术检验实行社会化的地方，任何单位不得要求机动车到指定的场所进行检验。公安机关交通管理部门、机动车安全技术检验机构不得要求机动车到指定的场所进行维修、保养。机动车安全技术检验机构对机动车检验收取费用，应当严格执行国务院价格主管部门核定的收费标准。"（第13条）

"定期"是指检验的间隔时间。间隔时间确定的依据：

1）法律依据。间隔时间设定权在法律和行政法规，而地方性法规、规章、部门规章以及规范性文件无权设定。

2）管理依据。间隔时间根据车辆用途、载客载货数量、使用年限等不同情况确定。

机动车的安全技术检验实行社会化，是指任何单位和个人都可以申办机动车安全检测站。

机动车检验改革总的趋势为：方便群众，减小群众负担，取消垄断（指定），实行政企分开。

7. 机动车强制报废制度

"国家实行机动车强制报废制度,根据机动车的安全技术状况和不同用途,规定不同的报废标准。应当报废的机动车必须及时办理注销登记。达到报废标准的机动车不得上道路行驶。报废的大型客、货车及其他营运车辆应当在公安机关交通管理部门的监督下解体。"(第14条)

报废机动车的处理:

1) 达到报废标准的机动车不得上道路行驶。这种情况包括:已达到报废标准的机动车要求继续使用,但未办理延缓报废手续的;达到报废标准的机动车,并且已办理注销登记的。

2) 报废的大型客、货车及其他营运车辆应当在公安交通管理部门的监督下解体。

8. 特种车辆

"警车、消防车、救护车、工程救险车应当按照规定喷涂标志图案,安装警报器、标志灯具。其他机动车不得喷涂、安装、使用上述车辆专用的或者与其相类似的标志图案、警报器或者标志灯具。警车、消防车、救护车、工程救险车应当严格按照规定的用途和条件使用。公路监督检查的专用车辆,应当依照公路法的规定,设置统一的标志和示警灯。"(第15条)

特种车辆"按照规定的用途和条件使用"是指:①特种车辆只能用于执行特殊任务。②特种车辆在执行特殊任务时,情况紧急时才能使用警报器、标志灯具;在非紧急情况下,不得使用警报器、标志灯具,不享有优先通行权。

公路监督检查的专用车辆,是指交通主管部门、公路管理机构依法对有关公路的法律、法规执行情况进行监督检查的车辆。它不属于特种车辆。

小资料

特 种 车 辆

特种车辆是指一些特殊的部门用于执行紧急职务,抢救人民生命财产,抢修公用设施,外观有统一式样,并安装专用警报器、标志灯具的机动车。其包括:

1) 警车。警车是公安机关、国家安全机关、监狱和人民法院、人民检察院用于执行紧急职务的机动车辆。省、自治区、直辖市公安厅(局)对警车实行定编管理,统一核发警车号牌和行驶证。警车车身喷涂蓝白相间的颜色,分别喷涂简称汉字"公安""国安""司法""法院""检察",不得附加特殊颜色和各部门其他标志、警种标志;安装有警报器和红色回转式标志灯具。国家安全机关使用的"特别通行"标志的车辆,可以使用警报器、标志灯具,享有通行便利,但不属于警车。

2) 消防车。消防车是公安消防部门和其他消防部门用于灭火的专用车辆和现场指挥车。消防车辆为大红色,安装有警报器和红色回转式标志灯具。大多数消防车由武警消防部门管理,并使用武警号牌。

3) 救护车。救护车是急救、医疗机构和卫生防疫部门用于抢救危重病人或者处理紧急疫情的专用车辆。救护车为白色,车身喷涂医疗或救护部门的专用图案,安装有警报器和蓝色回转式标志灯具。

4）工程救险车。工程救险车是防汛、水利、电力、矿山、城建、交通和铁道等部门用于抢修公用设施，抢救人民生命财产的专用车辆和现场指挥车。工程救险车为中黄色，喷涂"工程救险"字样，安装警报器和黄色回转式标志灯具。

9. 禁止非法改变车辆及牌证

"任何单位或者个人不得有下列行为：（一）拼装机动车或者擅自改变机动车已登记的结构、构造或者特征；（二）改变机动车型号、发动机号、车架号或者车辆识别代号；（三）伪造、变造或者使用伪造、变造的机动车登记证书、号牌、行驶证、检验合格标志、保险标志；（四）使用其他机动车的登记证书、号牌、行驶证、检验合格标志、保险标志。"（第16条）

"拼装"汽车是指未经国家有关部门批准，利用进口汽车车身拼（组）装生产汽车，或使用报废汽车发动机、转向机、变速器、前后桥、车架（统称"五大总成"）以及其他零配件组装汽车的行为。

10. 第三者责任强制保险制度

"国家实行机动车第三者责任强制保险制度，设立道路交通事故社会救助基金。具体办法由国务院规定。"（第17条）

责任保险，是指以被保险人对第三者依法应负的赔偿责任为保险标的的保险。

第三者责任险，是指以应由保险人承担的对第三者的赔偿责任为保险标的的保险，即被保险人或者其允许的驾驶人在使用保险车辆过程中如发生意外事故，致使第三者遭受人身伤亡或者财产直接损毁的，被保险人应当支付的赔偿金额，由保险人依照规定给予补偿。

小资料

车辆识别代号 VIN

车辆识别代号 VIN（Vehicle Identification Number）指车辆生产企业为了识别某一辆车而为该车辆指定的一组字码。其由17位字码构成，分为三部分：世界制造厂识别代号（World Manufacturer Identifier，WMI）、车辆说明部分（Vehicle Descriptor Section，VDS）、车辆指示部分（Vehicle Indicator Section，VIS）。

四、道路交通安全法的多项创新

"交通肇事猛于虎"。道路交通的首要原则是安全，其次才是畅通。行人相对于机动车，明显处于弱势，而人的生命是最宝贵的。善待生命，才是从根本上尊重所有上路人的权利。因此，道路交通安全立法，必须体现生命至上、以人为本的原则。在道路交通安全法中，"保护人身安全"明确地写入其第1条中。

道路交通安全法是一部规范道路行人、机动车驾驶人之间关系的法律。它第一次从法律的高度理清了行人与机动车驾驶人之间的法律责任，为保障交通畅通，保证公民的安全提供了基本的法律依据。

道路交通安全法是一部规范道路交通管理机关工作人员行为的法律。它第一次用法律的形式规范了道路交通管理机关的权力,从多方面严格限制了道路交通管理人员的职务违法行为。

道路交通安全法是一部明确了道路交通管理机关服务内容的法律。在诸多法律中,它第一次以法律的形式明确了道路交通事故中公安交通机关疏导交通的义务;规范了道路交通事故处理中的拖车行为;启动了道路交通事故处理过程中的社会救助基金的使用程序,以让老百姓能够及时得到医疗救助。

道路交通安全法是一部道路交通方面的人权法。在诸多法律中,它第一次采用过错推定的原则,明确了道路交通事故中各方的责任,让处于相对弱势的行人有了法律上的保障;它第一次对电动自行车的归类问题作出表述,让大街小巷跑动的电动自行车从此不再属于"黑户";它第一次对盲道的设置作出了明确的规定,让残疾人体会到了法律的温暖;它第一次强制规定中小学校、幼儿园、医院、养老院的门前道路没有过街设施的,"应当施画人行横道线,设置提示标志";它第一次用法律明确规定,凡是符合年检标准的机动车,机动车安全技术检验机构应当予以年检,"任何单位不得附加其他条件";"任何单位和个人不得收缴、扣留机动车号牌"。

道路交通安全法第一次对道路交通活动中交通参与人的权利与义务关系进行了全面规范,明确了政府及其相关部门在道路交通中的管理职责;将交通安全宣传教育上升为法律规定;倡导科学管理道路交通;通过设立和改革机动车登记制度、检验制度、报废制度、保险制度、交通事故的社会救助制度、机动车驾驶证许可制度和累计记分制度等来进一步规范交通管理行为,从法律制度上保障道路交通安全等。

 小资料

客车超载之最

超载,已成为我国交通恶性事故的一个主要原因,如图2-2所示。

图2-2 客车超载危及生命安全

例一:1996年1月25日,一辆车牌号为川×05295的客运班车,从广东惠州出发开往四川南充。每排只有4个座位的车座,车主强行按10~12人的"标准"安排。在惠州开车时,这辆核定载客48人的客车,已经被密密实实地塞进了127人,就像一辆密不透风的"闷罐车"。

例二：1996年3月4日下午4时，武汉的一辆车牌号为鄂×62403的卧铺车，只有28个座位却运载了102人。在车站发车时，车上已购票上车80多名旅客，但到开车时，车主又到武昌站叫来几十名旅客。

例三：2000年1月29日下午，一辆车牌号为皖×32109的安徽临泉驶向浙江温岭的大客车，标准核载为42座，竟坐了138人，严重超载96人。

例四：2000年2月11日下午3时许，一辆车牌号为×L00530的从安徽宿州开往浙江黄岩的卧铺大客车车厢内，黑压压的一片。检查人员发现后，立即示意车辆靠边暂停。检查发现，核定载客47人的客车竟载了151人，严重超载104人！

例五：2001年9月2日上午11时，一辆从宁波开往安徽蒙城的客车，在杭甬高速公路段塘入口处被交警发现超载。检查时交警竟连车门都难打开，车厢内臭气熏天，车上的人根本无法转身。等到所有的乘客下车后，清点人数居然有122人之多，超载83人。

例六：2002年2月21日上午9时许，一辆车牌号为鲁×24019的双层卧铺车缓缓驶向济青高速公路。交警本想上车清点人数，但半天打不开车门。最后车门终于开了，却"呼啦"一下，掉下好几个人来。一清点人数，交警发现一辆定员31人的双层卧铺客车竟被塞进了163人。这可能算是客车超载的"吉尼斯"了。

五、道路交通安全法的多项突破

1. 简化手续为群众提供方便

道路交通安全管理工作中的便民原则，就是要求公安机关交通管理部门在依法开展道路交通管理工作时，尽可能为交通参与人提供便利和方便，从而保证交通参与人交通活动的顺利实现。便民原则主要体现在：

1）对遵守道路交通安全法律、法规，在1年内无累积记分的机动车驾驶人，可以延长其机动车驾驶证的审验期。

2）符合标准的新车免检。经国家机动车产品主管部门依据机动车国家安全技术标准认定的企业生产的机动车型，该车型的新车在出厂时经检验符合机动车国家安全技术标准，获得检验合格证的，免予安全技术检验。

3）在进行机动车安全技术检验时，只需提供机动车行驶证和机动车第三者责任强制保险凭证，机动车安全技术检验机构应当予以检验，任何单位不得附加其他条件。

4）对于机动车安全技术检验实行社会化的地方，任何单位不得要求机动车到指定场所进行检验。

2. 明确保护行人的权益

为了保证行人的健康权、生命权，保障良好的交通秩序，道路交通安全法特别从通行权利的分配上充分保护行人的生命安全：一是赋予了行人在人行横道上的绝对优先权。规定机动车行经人行横道时应当减速行驶，遇行人通行时必须停车让行。二是保护无交通信号情况下的行人横过道路权。规定在没有交通信号的道路上，机动车要主动避让行人。这些规定都有利于让机动车驾驶人尽高度注意义务，防止因其疏忽大意、采取措施不当而发生交通事故，同时也与国际上通行的规定一致。

学校、幼儿园、医院、养老院门前的道路上如没有行人过街设施，应当施画人行横道线，设置提示标志；城市主要道路的人行道，应当按照规划设置盲道。

行人通过路口或者横过道路时，应当走人行横道或者过街设施；通过有交通信号灯的人行横道时，应当按照交通信号灯指示通行；通过没有交通信号、人行横道的路口时，或者在没有过街设施的路段横过道路时，应当在确认安全后通过。行人不得跨越、倚坐道路隔离设施，不得扒车、强行拦车或者实施妨碍道路交通安全的其他行为。

3. 机动车一方承担交通事故民事责任

根据生命权优先于道路行驶权这一现代社会公认的法则，当机动车与非机动车、行人发生交通事故时，交通事故由机动车违法行为造成的，应由机动车一方承担民事责任；即使机动车一方没有过错，从尊重人的生命权、健康权考虑，也应设定其一定的责任。

又根据民法通则的规定，机动车作为高速运输工具，对行人、非机动车驾驶人的生命财产安全具有一定危险性，发生交通事故时，应当实行无过失原则，即应当由机动车一方承担民事责任。

因此，道路交通安全法规定：机动车与非机动车驾驶人、行人之间发生交通事故时，非机动车驾驶人、行人没有过错的，由机动车一方承担赔偿责任；有证据证明非机动车驾驶人、行人有过错的，根据过错程度适当减轻机动车一方的赔偿责任；机动车一方没有过错的，承担不超过10%的赔偿责任；交通事故产生的损失是由非机动车驾驶人、行人故意碰撞机动车造成的，机动车一方不承担赔偿责任。

4. 实行机动车第三者责任强制保险和社会救助基金制度

第三者责任强制保险是机动车定期安全技术检验需要查验的一项重要内容。机动车所有人、管理人未按照国家规定投保第三者责任强制保险的，公安机关交管部门有权扣留车辆至依照规定投保后，并处以机动车所有人、管理人依照规定投保最低责任限额应交纳的保险费的2倍罚款。

利用强制保险解决交通事故损害赔偿，通过浮动保费减少交通安全违法行为和交通事故，是发达国家的通常做法。实行机动车第三者责任强制保险制度，同时建立道路交通事故社会救助基金，用于支付交通事故受伤人员的抢救费用，对尽力挽救伤者生命，体现社会对生命权的尊重，减少社会矛盾，都有着积极的意义；同时，由于机动车第三者责任强制保险与机动车行车安全实绩挂钩，实行费率上下浮动，利用经济杠杆控制交通事故的发生，不仅有利于规范保险市场，更重要的是有利于预防交通事故的发生，有利于促进道路交通安全，有利于社会的稳定。

机动车发生交通事故造成人身伤亡、财产损失的，由保险公司在机动车第三者责任强制保险责任限额范围内予以赔偿。超过责任限额的部分再由当事人承担赔偿责任。医疗机构对交通事故中的受伤人员应当及时抢救，不得因抢救费用未及时支付而拖延救治。肇事车辆参加机动车第三者责任强制保险的，由保险公司在责任限额范围内支付抢救费用；抢救费用超过责任限额的，肇事车辆未参加机动车第三者责任强制保险或者肇事后逃逸的，由道路交通事故社会救助基金先行垫付部分或者全部抢救费用，道路交通事故社会救助基金管理机构有权向交通事故责任人追偿。

5. 严处酒后驾车

严禁酒后驾车，特别是2011年修正后的道路交通安全法，更是加大了对饮酒、醉酒后驾车的处罚力度，如图 2-3 所示。

饮酒后驾驶机动车的，记 12 分，处暂扣 6 个月机动车驾驶证，并处 1 000 元以上 2 000 元以下罚款。因饮酒后驾驶机动车被处罚，再次饮酒后驾驶机动车的，处 10 日以下拘留，并处 1 000 元以上 2 000 元以下罚款，吊销机动车驾驶证。醉酒驾驶机动车的，由公安机关交通管理部门约束至酒醒，吊销机动车驾驶证，依法追究刑事责任；5 年内不得重新取得机动车驾驶证。

饮酒后驾驶营运机动车的，处 15 日拘留，并处 5 000 元罚款，吊销机动车驾驶证，5 年内不得重新取得机动车驾驶证。醉酒驾驶营运机动车的，由公安机关交通管理部门约束至酒醒，吊销机动车驾驶证，依法追究刑事责任；10 年内不得重新取得机动车驾驶证，重新取得机动车驾驶证后，不得驾驶营运机动车。

饮酒后或者醉酒驾驶机动车发生重大交通事故，构成犯罪的，依法追究刑事责任，并由公安机关交通管理部门吊销机动车驾驶证，终生不得重新取得机动车驾驶证。

除饮酒外，服用国家管制的精神药品或者麻醉药品，或者患有妨碍安全驾驶机动车的疾病，或者过度疲劳影响安全驾驶的，不得驾驶机动车，如图 2-4 所示。任何人不得强迫、指使、纵容驾驶人违反道路交通安全法律、法规和机动车安全驾驶要求驾驶机动车。

图 2-3　严禁酒后驾车

图 2-4　拒绝疲劳驾驶

6. 尊重生命，快速处理交通事故

出于尊重人的生命，道路交通安全法规定了交通事故当事人、交通警察、医院的救治义务，尽可能地保护事故伤者的生命安全。一是规定事故车辆驾驶人应当立即抢救伤者，乘车人、过往车辆驾驶人、过往行人应当予以协助；二是规定交通警察赶赴事故现场处理交通事故时，应当先组织抢救受伤人员；三是规定医院应当及时抢救伤者，不得因抢救费用问题而拖延救治。

道路交通安全法还实行事故现场的快速处理。一是在道路上发生的交通事故，未造成人员伤亡，当事人对事实及成因无争议的，事故车辆及人员可以即行撤离现场，恢复交通，自行协商处理损害赔偿事宜。这意味着，一些小的交通事故可以由双方当事人协商"私了"，而不必通过公安机关交通管理部门处理。事故车辆及人员不即行撤离现场的，应当迅速报告执勤的交通警察或者公安交通管理部门；二是在道路上发生的交通事故，仅造成轻微财产损失，并且基本事实清楚的，当事人应当先行撤离现场再进行协商。

7. 交通事故处理重证据收集

公安机关交通管理部门应当根据交通事故现场勘验、检查、调查情况和有关的检验、鉴定结论，及时制作交通事故认定书，并将其作为处理交通事故的证据。交通事故认定书应当载明交通事故的基本事实、形成原因和当事人的责任，并送达当事人。

道路交通安全法改革了交通事故赔偿的救济途径。除自行协商、向保险公司索赔外，道路交通安全法中不再把公安机关交通管理部门的调解作为民事诉讼的前置程序，而是规定对交通事故损害赔偿的争议，当事人可以请求公安机关交通管理部门调解，也可以直接向人民法院提起民事诉讼。

8. 更科学的通行基本原则

道路交通安全法将右侧通行、各行其道、按交通信号通行、优先通行作为通行的基本原则，这有利于科学组织交通，优化道路交通秩序，维护道路交通安全。

道路交通安全法保证了专用车道的使用和通行优先，这有利于公共交通的发展，有利于尽快形成以大容量的公共汽车为主，其他车辆为辅的交通结构，从而有利于增加道路的通行能力。

道路交通安全法规范了机动车在遇有交通阻塞时的通行行为，即机动车遇有交通阻塞时，应当依次在本车道内停车等候；在车道减少的路段、路口，或者在没有交通信号灯、标志、标线的交叉路口遇有停车排队等候或者行驶缓慢情况时，机动车应当依次交替通行，以有利于缓解交通堵塞。

 小资料

左侧通行的国家和地区

目前，全世界200多个国家和地区中，绝大多数国家和地区的交通通行方式采用右行，只有少数国家和地区依然保持左行：亚洲有日本、印度、印度尼西亚、菲律宾、巴基斯坦、斯里兰卡、泰国、新西兰、马来西亚、新加坡、塞浦路斯、也门亚丁、中国香港等；欧洲有爱尔兰、英国、马耳他等；非洲有南非、毛里求斯、乌干达、坦桑尼亚、尼日尔、冈比亚、加纳、肯亚尼、塞舌尔、马拉维、莱索托、津巴布韦、塞拉利昂等；美洲有洪都拉斯、圣卢西亚、多米尼加、牙买加、圭亚那、巴巴多斯、巴哈马、马尔维纳斯群岛等；大洋洲及太平洋岛屿有澳大利亚、汤加、瑙鲁、斐济、巴布亚新几内亚、瓦努阿图、萨摩亚等。

9. 规范道路交通管理机关工作人员行为

一是重视社会监督作用，将对道路交通管理的执法监督纳入社会的整体监督体系中；二是加强道路交通管理机关内部的层级间监督和督察监督；三是建立健全监督机制和各项制度，设定相应法律责任。

公安机关交通管理部门应当加强对交通警察的管理，加强对交通警察的培训考核，以提高交通警察的素质和管理道路交通的水平。

公安机关交通管理部门及其交通警察的执法必须依照法定的职权和程序，简化办事手续，做到公正、严格、文明、高效。

交通警察执行职务时应当保持警容严整，举止端庄，指挥规范；必须按标准收费，实行罚缴分离，罚款以及依法没收的违法所得要全部上缴国库；交通警察处理违法行为和交通事故时要实行回避制度；交通警察必须接受行政监察、公安机关内部督察和上级对下级的层级监督以及社会公众的监督，群众可以对其进行举报、检举、控告，收到举报、检举、控告的机关，应当按照职责分工及时查处。

道路交通安全法规定任何单位不得给公安机关交通管理部门下达或者变相下达罚款指标；公安机关交通管理部门不得以罚款数额作为考核交通警察的指标。

对公安机关交通管理部门及其交通警察有违法行为的，应给予相应的行政处分等。

10. "特种车"非执行紧急任务不享有优先通行权

道路交通安全法对警车、消防车、救护车、工程救险车这类"特种车"的通行作出了规定：非执行紧急任务时，不得使用警报器、标志灯具，不享有相应的道路优先通行权。

道路交通安全法还规定，道路养护车辆、工程作业车进行作业时，在不影响过往车辆通行的前提下，其行驶路线和方向不受交通标志、标线限制，过往车辆和人员应当注意避让；洒水车、清扫车等机动车应当按照安全作业标准作业，在不影响其他车辆通行的情况下，可以不受车辆分道行驶的限制，但是不得逆向行驶。

11. 7类交通违法者将被处15日以下拘留

道路交通安全法规定，下列7类交通违法者将由公安机关交通管理部门处200元以上2 000元以下的罚款，根据情节轻重，还可并处吊销机动车驾驶证或15日以下拘留的处罚：①醉酒后驾驶机动车或营运机动车的。②未取得机动车驾驶证，机动车驾驶证被吊销或者被暂扣期间驾驶机动车的。③造成交通事故后逃逸，尚不构成犯罪的。④强迫机动车驾驶人违反道路交通安全法律、法规和机动车安全驾驶要求驾驶机动车，造成交通事故，尚不构成犯罪的。⑤违反交通管制的规定强行通行，不听劝阻的。⑥故意损毁、移动、涂改交通设施，造成危害后果，尚不构成犯罪的。⑦非法拦截、扣留机动车辆，不听劝阻，造成交通严重阻塞或者较大财产损失的。

12. 因道路违法施工受损可获赔偿

道路交通安全法规定，未经批准，擅自挖掘道路，占用道路施工或者从事其他影响道路交通安全活动的，由道路主管部门责令停止违法活动，并恢复原状，可以依法对其给予罚款；致使通行的人员、车辆及其他财产遭受损失的，相关责任人应依法承担赔偿责任。

道路施工作业或者道路出现损毁，未及时设置警示标志，未采取防护措施，或者应当设置交通信号灯、交通标志、交通标线而没有设置或者应当及时变更交通信号灯、交通标志、交通标线而没有及时变更，致使通行的人员、车辆及其他财产遭受损失的，负有相关职责的单位应当依法承担赔偿责任。

在道路两侧及隔离带上种植树木、其他植物或者设置广告牌、管线等，遮挡路灯、交通信号灯、交通标志，妨碍安全视距的，由公安机关交通管理部门责令行为人排除妨碍；拒不执行的，处200元以上2 000元以下罚款，并强制排除妨碍，所需费用由行为人负担。

13. 拖车不得向车主收取费用

道路交通安全法规定，只有机动车驾驶人不在现场或者拒绝立即驶离妨碍了其他车辆、行人通行的道路时，交警才可将车拖走，且不得向当事人收取费用，并应及时告知当事人拖移地点。因采取不正确的方法拖车造成机动车损坏的，交管部门要承担补偿责任。

14. 超载运输受重罚

道路交通安全法规定，机动车载物时应当符合核定的载质量，严禁超载；机动车载人时不得超过核定的人数；客运机动车不得违反规定载货；禁止货运机动车载客。

公路客运车辆载客超过额定乘员，货运机动车超过核定载质量的，处200元以上500元以下罚款；客运车辆载客超过额定乘员20%或者违反规定载货，货运机动车超过核定载质量30%或者违反规定载客的，处500元以上2 000元以下罚款。有类似行为的，由公安机关交通管理部门扣留机动车至违法状态消除。运输单位的车辆有类似情形，经处罚不改的，对直接负责的主管人员处2 000元以上5 000元以下罚款。

15. 驾驶人肇事后逃逸将终身禁止开车

道路交通安全法规定，如果机动车驾驶人造成交通事故后逃逸，则将被吊销驾照，且终生不得重新取得机动车驾驶证。

16. 高速公路行车最高时速不得超过120km/h

道路交通安全法规定，高速公路限速标志标明的最高时速不得超过120km/h。机动车行驶时速超过规定时速50%的，公安机关交管部门将处200元以上2 000元以下罚款，可以并处吊销机动车驾驶证的处罚。

17. 故意遮挡车号牌可处罚款

道路交通安全法规定，机动车号牌应当按照规定悬挂并保持清晰、完整，不得故意遮挡、污损。故意遮挡、污损或者不按规定安装机动车号牌的，将处警告或者20元以上200元以下罚款。

18. 罚款力度加大

随着社会经济发展和人民生活水平的提高，对交通违法行为的处罚，如不按规定停车，违反交通信号（闯红灯）、违反交通标志、标线规定，尤其是超载、超速行驶等严重违反交通管理的行为，处罚力度明显加大。

小资料

酒后驾车的危害

驾驶人员每100mL血液中的酒精含量大于或者等于20mg，小于80mg时为酒后驾车，大于或者等于80mg时为醉酒驾车。

酒后驾车对驾驶人员的主要危害有：

1) 触觉能力降低。饮酒后驾车，由于酒精的麻醉作用，人手、脚的触觉较平时降低，往往无法正常控制节气门、制动装置及转向盘。

2) 判断能力和操作能力降低。饮酒后，人对光、声刺激反应的时间延长，本能反射动作的时间也相应延长，感觉器官和运动器官，如眼、手、脚之间的配合发生障碍，因此，无法正确判断距离、速度。

3) 视觉障碍。人饮酒后可使视力暂时受损，视像不稳，辨色能力下降，因此不能发现和正确领会交通信号、标志和标线。同时，人饮酒后视野大大减小，视像模糊，眼睛只盯着前方目标，对处于视野边缘的危险隐患难以发现，易发生事故。

4）心理变态。在酒精的刺激下，人有时会过高地估计自己，对周围人的劝告常不予理睬，往往干出一些力不从心的事。

5）疲劳。人饮酒后易困倦，表现为行驶不规律、空间视觉差等疲劳驾驶的行为。

第二节　道路交通安全法实施条例

按照道路交通安全法的配套要求，国务院制定了《中华人民共和国道路交通安全法实施条例》（以下简称实施条例），并于2004年5月1日起与道路交通安全法同步施行。实施条例体现了道路交通安全法保障道路交通有序、安全、畅通的指导思想和依法管理、方便群众的基本原则；在内容上重点对道路交通安全法规定要在配套法规中明确的，予以明确规定；对道路交通安全法的原则规定予以细化，增强其可操作性。

1. 政府的道路交通安全管理职责规定

实施条例在总则中明确细化了各级人民政府的职责："县级以上地方各级人民政府应当建立、健全道路交通安全工作协调机制，组织有关部门对城市建设项目进行交通影响评价，制定道路交通安全管理规划，确定管理目标，制定实施方案。"（第3条）

2. 机动车强制报废的规定

"已注册登记的机动车达到国家规定的强制报废标准的，公安机关交通管理部门应当在报废期满的2个月前通知机动车所有人办理注销登记。机动车所有人应当在报废期满前将机动车交售给机动车回收企业，由机动车回收企业将报废的机动车登记证书、号牌、行驶证交公安机关交通管理部门注销。机动车所有人逾期不办理注销登记的，公安机关交通管理部门应当公告该机动车登记证书、号牌、行驶证作废。"（第9条）

3. 安装使用行驶记录仪的规定

汽车行驶记录仪可以实时记录车辆运行和驾驶人驾驶活动的有关信息，在遏止疲劳驾驶、车辆超速行驶等严重交通违法行为，预防道路交通事故，保障车辆行驶安全，提高营运管理水平等方面发挥着重要的作用，并可以为事故分析鉴定提供原始数据。汽车行驶记录仪在欧盟、日本等国家和地区的成功应用经验表明：行驶记录仪的安装使用为国家相关部门保障道路交通安全，预防和处理道路交通事故提供了有效的工具；为广大运输企业提供了理想的营运管理工具；为驾驶人提供了其驾驶活动过程的真实反馈信息；在有效降低道路交通事故、规范驾驶行为，提高车辆行驶安全系数，保障道路交通安全和提高营运管理水平等方面取得了明显效果。因此，实施条例将安装使用行驶记录仪作为维护道路交通安全的重要措施予以明确："用于公路营运的载客汽车、重型载货汽车、半挂牵引车应当安装、使用符合国家标准的行驶记录仪。""安装行驶记录仪可以分步实施，实施步骤由国务院机动车产品主管部门会同有关部门规定。"（第14条）

4. 对机动车安全技术检验社会化的具体规定

由安全技术检验机构对机动车进行检验，并对检验结果承担法律责任；政府的质量技术监督部门负责对安全技术检验机构实行资格管理和计量认证，对设备进行检定，对国家标准

的执行情况进行监督；安全技术检验的具体项目由国务院公安部门会同国务院质量技术监督部门规定。（第 15 条）

5. 对机动车安全技术检验周期的规定

为保障道路交通活动中的公共安全和预防、减少群死群伤道路交通事故的发生，实施条例区别不同情况规定了机动车的安全技术检验周期。同时，实施条例还明确规定了营运机动车在规定检验期限内经安全技术检验合格的，不再重复进行安全技术检验。与现行的所有机动车每年一次的年检制度相比，这样的规定增强了针对性，体现了管住重点、方便大多数人的管理理念。

6. 对驾驶证审验制度与累积记分制度动态结合的规定

"公安机关交通管理部门对机动车驾驶人的道路交通安全违法行为除给予行政处罚外，实行道路交通安全违法行为累积记分（以下简称记分）制度，记分周期为 12 个月。对在一个记分周期内记分达到 12 分的，由公安机关交通管理部门扣留其机动车驾驶证，该机动车驾驶人应当按照规定参加道路交通安全法律、法规的学习并接受考试。考试合格的，记分予以清除，发还机动车驾驶证；考试不合格的，继续参加学习和考试。"（第 23 条）"机动车驾驶人在一个记分周期内记分未达到 12 分，所处罚款已经缴纳的，记分予以清除；记分虽未达到 12 分，但尚有罚款未缴纳的，记分转入下一记分周期。机动车驾驶人在一个记分周期内记分 2 次以上达到 12 分的，除按照第二十三条的规定扣留机动车驾驶证、参加学习、接受考试外，还应当接受驾驶技能考试。考试合格的，记分予以清除，发还机动车驾驶证；考试不合格的，继续参加学习和考试。"（第 24 条）同时，"机动车驾驶人记分达到 12 分，拒不参加公安机关交通管理部门通知的学习，也不接受考试的，由公安机关交通管理部门公告其机动车驾驶证停止使用。"（第 25 条）

7. 相关政府部门维护道路通行条件职责的规定

一是"道路交叉路口和行人横过道路较为集中的路段应当设置人行横道、过街天桥或者过街地下通道。在盲人通行较为集中的路段，人行横道信号灯应当设置声响提示装置。"（第 32 条）二是"开辟或者调整公共汽车、长途汽车的行驶路线或者车站，应当符合交通规划和安全、畅通的要求。"（第 34 条）三是"道路或者交通设施养护部门、管理部门应当在急弯、陡坡、临崖、临水等危险路段，按照国家标准设置警告标志和安全防护设施。"（第 36 条）四是"道路交通标志、标线不规范，机动车驾驶人容易发生辨认错误的，交通标志、标线的主管部门应当及时予以改善。道路照明设施应当符合道路建设技术规范，保持照明功能完好。"（第 37 条）

8. 对让行规则的规定

为科学组织交通、优化道路交通秩序，维护道路交通安全，道路交通安全法将右侧通行、各行其道、按交通信号通行、优先通行作为通行的基本原则。实施条例细化了道路交通安全法关于机动车、非机动车、行人分道通行的规定，分别对有灯控路口和无灯控路口的通行规则作了详细规定。同时，根据提高通行效率的需要，实施条例还规定"转弯的机动车让直行的车辆先行"，"相对方向行驶的右转弯的机动车让左转弯的车辆先行。"（第 52 条）

9. 对交替通行和遇交通阻塞行驶规则的细化规定

"机动车遇有前方交叉路口交通阻塞时，应当依次停在路口以外等候，不得进入路口。

机动车在遇有前方机动车停车排队等候或者缓慢行驶时,应当依次排队,不得从前方车辆两侧穿插或者超越行驶,不得在人行横道、网状线区域内停车等候。机动车在车道减少的路口、路段,遇有前方机动车停车排队等候或者缓慢行驶的,应当每车道一辆依次交替驶入车道减少后的路口、路段。"(第 53 条)

10. 对机动车载人、载物的规定

"公路载客汽车不得超过核定的载客人数。"(第 55 条)超过核定的载客人数的,公安机关交通管理部门应当扣留机动车,由驾驶人转运超载的乘客(第 106 条)。为了有效控制货车超载,实施条例规定"机动车载物不得超过机动车行驶证上核定的载质量,装载长度、宽度不得超出车厢"。同时,实施条例还规定了车辆的装载限高,(第 54 条)并相应规定了对超载的货运机动车扣车卸载的规定。(第 106 条)

11. 对高速公路行车道的规定

实施条例按照从左向右速度递减的办法具体规定车道的最低行驶速度:同方向有 2 条车道的,左侧车道的最低车速为 100km/h;同方向有 3 条以上车道的,最左侧车道的最低车速为 110km/h,中间车道的最低车速为 90km/h。同时,实施条例也规定了车辆在高速公路上行驶的最高车速:在高速公路上行驶的小型载客汽车最高车速不得超过 120km/h,其他机动车不得超过 100km/h,摩托车不得超过 80km/h,如图 2-5 所示。这样的规定有利于提高高速公路的通行效率,维护通行秩序,保障交通安全。(第 78 条)

图 2-5　十次事故九次快

小资料

超速驾驶罚款 20 万美元

2004 年 2 月 10 日,芬兰一个年轻的百万富翁因超速驾驶被警方开出了 17 万欧元(当年约合 21.7 万美元)的天价罚单。这个年轻人名叫朱西·萨洛诺亚,当时 27 岁,因继承了家族的著名香肠连锁店而成为百万富翁。2004 年 2 月 5 日,他在市中心驾车时被警察拦了下来,警察告诉他在该公路驾车的时速不能超过 40km/h,但他的速度超过了 80km/h。芬兰的交通罚款根据违章者的收入高低而变动。

无独有偶。2010 年 1 月 7 日,瑞士东部圣加伦州的交管部门开出一张 29.9 万瑞士法郎(当年约合 29 万美元)的超速驾驶罚单,这一金额也创下瑞士超速罚单的新纪录。在圣加伦州一条限速为 100km/h 的公路上,这名超速者开到了 140km/h。瑞士法律规定,驾驶人超速到一定程度时,罚款就必须与其收入挂钩。交管部门随后获知,该驾驶人家有豪宅 1 栋,跑车 5 辆,遂开出了这张 29 万美元的罚单,打破了 2008 年在瑞士苏黎世开出的 10.7 万美元超速罚单的纪录。

芬兰、瑞士、瑞典、丹麦等北欧国家都推行这种超速罚款与驾驶人收入挂钩的措施。这项措施似乎是专门用来"对付"跑车和摩托车主的。

12. 对交通事故现场快速处理的规定

在我国道路交通流量日益增大的情况下，实现交通事故现场快速处理有利于尽快恢复交通，减少拥堵。为了既能够实现交通事故现场快速处理，又能使当事人能够妥善处理保险理赔等损害赔偿事宜，实施条例规定："机动车与机动车、机动车与非机动车在道路上发生未造成人身伤亡的交通事故，当事人对事实及成因无争议的，在记录交通事故的时间、地点、对方当事人的姓名和联系方式、机动车牌号、驾驶证号、保险凭证号、碰撞部位，并共同签名后，撤离现场，自行协商损害赔偿事宜。当事人对交通事故事实及成因有争议的，应当迅速报警。"（第86条）

13. 对交通事故当事人责任确定的规定

交通事故认定书是证明当事人发生交通事故事实的主要证据，是当事人保护自己合法、正当权益的依据。公安机关交通管理部门应当在查明事实，分析交通事故发生的主客观原因的基础上，提出当事人责任的专业性结论。对此，实施条例规定："公安机关交通管理部门应当根据交通事故当事人的行为对发生交通事故所起的作用以及过错的严重程度，确定当事人的责任。"（第91条）交通事故当事人没有过错或者虽有过错但不属于发生交通事故原因的，当事人无责任。

14. 规范扣留机动车的情形及处理的规定

机动车驾驶人或者所有人、管理人自机动车被扣留之日起，30日内没有提供被扣留机动车的合法证明，没有补办相应手续，或者不前来接受处理，经公安机关交通管理部门通知并且经公告3个月仍不前来接受处理的，由公安机关交通管理部门将该机动车送交有资格的拍卖机构拍卖，所得价款上缴国库；非法拼装的机动车予以拆除；达到报废标准的机动车予以报废；机动车涉及其他违法犯罪行为的，移交有关部门处理。

15. 进一步规范执法主体资格

"对道路交通安全违法行为人处以罚款或者暂扣驾驶证处罚的，由违法行为发生地的县级以上人民政府公安机关交通管理部门或者相当于同级的公安机关交通管理部门作出决定；对处以吊销机动车驾驶证处罚的，由设区的市人民政府公安机关交通管理部门或者相当于同级的公安机关交通管理部门作出决定"。

"公安机关交通管理部门对非本辖区机动车的道路交通安全违法行为没有当场处罚的，可以由机动车登记地的公安机关交通管理部门处罚。"（第109条）

16. 对上道路行驶的拖拉机的范围规定

实施条例对上道路行驶的拖拉机作出了明确界定：其是指手扶拖拉机等最高设计行驶速度不超过20km/h的轮式拖拉机和最高设计行驶速度不超过40km/h、牵引挂车方可从事道路运输的轮式拖拉机。（第111条）

17. 对交通信号的细化规定

"交通信号灯分为：机动车信号灯、非机动车信号灯、人行横道信号灯、车道信号灯、方向指示信号灯、闪光警告信号灯、道路与铁路平面交叉道口信号灯。"（第29条）"交通标志分为：指示标志、警告标志、禁令标志、指路标志、旅游区标志、道路施工安全标志和辅助标志。道路交通标线分为：指示标线、警告标线、禁止标线。"（第30条）"交通警察的指挥分为：手势信号和使用器具的交通指挥信号。"（第31条）实施条例对机动车信号灯、非机动车信号灯、人行横道信号灯、车道信号灯、方向指示信号灯、闪光警告信号灯以及道路与铁路平交道口信号灯的具体含义分别进行了细化规定。（第38条、第39条、第40条、第41条、第42条、第43条）

 小资料

最早的交通信号灯

1868年，根据伦敦警察总督理查德·梅因的建议，为防止议员被街上往来频繁的马车撞倒，在伦敦威斯敏斯特区的议会大厦附近，乔治大街和布里奇大街交叉的路口上，由机械工程师纳伊特安装了世界上最早的交通信号灯，如图2-6所示。这个交通信号灯由铁路信号灯改装而成，以煤气作燃料。灯装在6.6m高的铸铁柱上，信号灯由红色和绿色的旋转方形玻璃灯组成。在它脚下，一名手持长杆的警员可以转换灯的颜色：红色表示"停止"，绿色表示"通过"。同年12月10日，这个交通信号灯正式使用。

图2-6 英国早期的交通信号灯需要手动进行颜色转换

交通信号灯安装后不久，许多好奇的人都来围观，小商贩也聚到这里来卖小吃，因此警察常常被招来维持秩序。1869年1月2日，一位负责操作信号灯的巡警，在用铁柱下部的把手操作时，煤气灯发生爆炸，沙子打入其眼内，造成重伤，最后死去。

第三节 案例分析

一、赌气躺公路被撞死应承担责任

【案例】

7月5日晚，小黄刚和男朋友吵完架，打车到京津公路500m处时，小黄要求停车并且赌气躺在了公路上。小黄所乘坐的出租车驾驶人许师傅劝了其半天也没有用，又担心这样下去发生危险，于是想再拦下一辆出租车一同将小黄劝走。

此时，林师傅正驾驶出租车朝此处行驶，看见挥手拦车的许师傅以及旁边停着的出租车，林师傅的第一反应是"不拉"，然后继续前行。但始料不及的是，前方正是躺在行车道内的小黄，林师傅躲闪不及撞上小黄。事发后林师傅开车离开现场，次日凌晨3时返回现场，后被查获。小黄被送到医院后经抢救无效死亡。

小黄的父母和林师傅互指对方应该承担交通事故的责任。那么到底应该由谁承担责任？

【分析】

法院经审理认为，小黄因赌气躺在公路上，其作为完全民事行为能力人应可以预知该行为有可能产生的后果。经他人劝阻后，其仍固执己见，此种行为不但违反了法律规定，而且是对自己的生命安全不负责任的行为。小黄躺在公路上被轧以致死亡，对于此起交通事故的发生，她应承担相应的责任；被告林师傅作为驾驶人，驾车在公路上行驶有注意安全的义务，但林师傅没有尽到该义务，且交通事故发生后未履行保护现场的义务，而是驾车驶离现场，违反了法律规定，对此次交通事故也应承担相应的责任，故认定小黄及被告林师傅对此次交通事故应承担同等责任。林师傅系某出租车公司的驾驶人，在路上发生交通事故应属职务行为，故小黄的赔偿责任应由出租车公司承担。法院最终判决被告某出租车公司赔偿原告丧葬费、死亡赔偿金、住宿费、误工费、交通费和医疗费等共计18.8万元。

二、连环交通事故责任难划分

【案例】

卢某为单位从外地运输印刷品，深夜返回途中驾车进入高速公路行驶。由于其过度疲劳，注意力分散，未注意到前方车辆为变换车道而降低行驶速度的情况，导致两车追尾，卢某受轻伤。卢某在未采取任何措施的情况下离开现场，到医院治疗。被追尾车辆的驾驶人宋某及乘车人赵某开启危险报警闪光灯，并在车辆行驶方向后方100m处设置警告标志后，在现场守候，等待交警前来处理。几分钟后，刚参加过朋友聚会的张某酒后驾车，以110km/h的速度同向驶来，冲入事故现场，与卢某的车发生剧烈撞击。张某当场死亡，两车严重毁坏，守候在现场的宋某和赵某受重伤，造成了一起重大交通事故。

两次事故，应分别由谁负主要责任？

【分析】

此次事故事实上是一起连环交通事故。第一起事故是由于卢某违反《中华人民共和国道路交通安全法》关于"过度疲劳影响安全驾驶的，不得驾驶机动车"的禁止性规定造成的。卢某应当对第一起交通事故负主要责任。

第二起交通事故发生时，卢某已离开事故现场，其车辆也处于静止状态，事故主要是由于张某酒后驾车造成的。卢某的违章行为对第二次交通事故的发生只是一个间接原因，与第二次交通事故的发生没有直接、必然的联系。虽然卢某未在事故发生后依法采取应急处置措施，但经宋某等人的补救，卢某不作为的违法行为与第二起事故的关系链已被斩断，不应依此认定卢某对后来发生的第二起严重交通事故负主要责任。所以，第二起交通事故应当由酒后驾车的张某负主要责任。

三、非公共管理场所的交通事故责任认定

【案例】

崔某在驾车返回途中，由于思想麻痹，驾驶技术生疏，在驶入公司宿舍的走道内时，将行人宋某、刘某撞倒，宋某经抢救无效死亡。公安机关经现场勘验后，认定崔某负事故全部责任。

但应当以过失致人死亡罪还是交通肇事罪追究崔某的刑事责任？

【分析】

过失致人死亡罪，是指由于行为人的过失而导致他人死亡的行为，侵犯的客体是他人的生命权。交通肇事罪，是指违反交通运输管理法规，因而发生重大交通事故，致人重伤、死亡或者是造成公私财产重大损失，危害公共安全的行为。两罪的区别在于侵犯的客体和客观方面不同。前者侵犯的客体是他人的生命权，客观方面是实施了过失行为造成特定人死亡；后者侵犯的客体是交通运输的正常秩序和安全，客观方面是违反交通管理法规，因而发生重大交通事故，致不特定人重伤、死亡或者使公私财产遭受重大损失的行为。

本案中，崔某的行为更具备交通肇事罪的基本法律特征：

1）崔某的行为违反了交通运输管理法规。《中华人民共和国道路交通安全法》第77条的规定，扩大了公安机关交通管理部门适用交通规则认定事故责任的范围，同时也扩大了交通肇事适用范围。据此，公安机关交通管理部门适用交通运输法规对发生在道路以外非公共管理场所的交通事故作出事故责任认定于法有据。本案中，公安机关交通管理部门依据《中华人民共和国道路交通安全法》第22条第1款和《中华人民共和国道路交通安全法实施条例》第67条之规定，认定崔某违反交通安全法规，以致发生交通事故致1人死亡、1人重伤，应负事故全部责任。崔某的行为符合交通肇事罪的主要法律特征即违反交通运输管理法规。

2）崔某的行为结果危害的是公共安全，也是与过失致人死亡罪的根本区别。尽管《中华人民共和国道路交通安全法》第77条规定扩大了公安机关交通管理部门适用交通规则认定事故责任的范围，但作为构成交通肇事罪的充要条件，行为人不但要具有违反交通运输管理法规的行为，而且在客体上侵犯的须为公共安全。与过失致人死亡罪侵害的犯罪客体不同，交通肇事罪所侵害的是不特定多人生命健康、重大公私财产以及社会生产、工作、生活安全即公共安全。本案中，作为人们日常生活进出的公用通道，人来人往，特定的地理位置使其在功能、地位上等同于通常意义的道路，崔某的行为必然危害到不特定居民群众的生命健康、工作、生活及财产安全，即危害公共安全。

3）过失致人死亡罪与交通肇事罪之间存在法条竞合，为一般法条与特殊法条关系。法条竞合，是指一个犯罪行为同时触犯两个及两个以上内容有重合或交叉关系的法律条文，其关键在于所触犯数法条之间有重合或交叉的关系。换言之，一个犯罪行为之所以触犯数法条是由立法技术的原因造成的，纯属法律适用问题。而法律适用原则为特殊条款优先一般条款。交通肇事罪与过失致人死亡罪属于结果内容上的法条竞合，交通肇事罪包含致人死亡的情形，属于特殊条款。因此，本案中，崔某由于思想麻痹，驾驶技术生疏，在公共走道内驾驶车辆将行人宋某、刘某撞倒，造成宋某死亡的行为既符合交通肇事罪又符合过失致人死亡罪的构成要件，根据法律适用原则应以交通肇事罪追究其刑事责任。

四、"车撞狗"算不算交通事故

【案例】

某日凌晨,斑马线上,一辆出租车与一只正过马路的德国黑贝牧羊犬相撞,牧羊犬当场被撞飞。事情发生后,出租车继续前行,但被随后追上的几个人拦下。

交通民警了解事情经过、勘验现场后,认定这是一起交通事故,并当场出具了事故认定书,认定出租车驾驶人夏某负事故全责。

两个月后,夏某接到了法院的传票。原来,狗主人张某拿着交警部门出具的事故认定书,将夏某告上法庭,要求其赔偿自己各项损失共2.5万元。

"车撞狗"算不算交通事故?"撞死无证狗"该不该赔?

【分析】

"车撞狗"这类事件的处理介于交通事故和民事纠纷之间,迄今为止,我国相关法律都没有明确规定"车撞狗"属于交通事故,但同时也没有明确规定不属于交通事故。

交通事故是指车辆在道路上因过错或者意外造成的人身伤亡或者财产损失的事件。在证明狗是狗主人财产的前提下,如果被撞狗无证,那么属于不合法财产,不受法律保护,应由相应的行政执法机关来管辖;如果被撞狗是有证的合法狗,那么就要依据财产损失的程度来具体认定。如果被撞狗是有证狗且确认驾驶人一方有过错,那么只要符合民事侵权要件,驾驶人就该依法赔偿;如果驾驶人无过错,就不用赔偿。

近年,车狗相撞是否属于交通事故以及如何赔偿成为纠纷争论的焦点。2006年,天津市公安交管局发布最新解释称,车狗相撞应按交通事故处理。交管部门接警后应当受理,并做必要的现场记录,核实事故损失,判定当事双方责任;认定此类交通事故责任应把负有管理责任的狗主人作为一方当事人,根据交通事故当事人行为对发生交通事故所起的作用及过错程度,确定当事人责任。养狗人携狗出户应使用束狗链,由成年人牵领(图2-7),不允许宠物狗独自上路,而宠物狗可由主人牵着上路是因主人拥有路权;对未办理《养犬许可证》的无证狗不应认定为合法财产,车撞无证狗驾驶人可免责。

图2-7 动物应在主人的牵领下行走

五、醉酒驾驶出交通事故保险公司是否承担赔偿责任

【案例】

2010年11月22日16时,潘某醉酒驾驶车辆驶出道路外撞上行道树后,又撞到行人李某,造成李某死亡及车辆损坏的交通事故。经当地交警部门现场勘查,调查取证,认定潘某负本起交通事故的全部责任,李某不负本起交通事故责任。潘某驾驶的轿车投保了机动车交通事故强制保险。但保险公司以潘某醉酒驾驶车辆应免责为由,拒绝赔付。李某家人遂将潘某和保险公司诉至人民法院。

【分析】

交强险属于强制保险的一种,《道路交通安全法》和《机动车交通事故责任强制保险条例》（以下简称《条例》）对此均进行了明确规定。交强险的设立是以保护和救助受害人为宗旨的，《条例》规定保险公司在驾驶人醉酒驾车发生交通事故时，应当在保险限额内为受害人先行垫付抢救费用，并有权向致害人追偿。这在本质上属于先行赔付。上述法律法规确立了保险公司对保险事故承担无过错赔偿责任原则，不论交通事故当事人各方是否有过错及过错程度如何，保险公司首先在责任限额内予以赔偿，体现了机动车交通事故责任强制保险的社会公益属性。机动车交通事故责任强制保险是国家为了维护公共利益，以法律法规的形式强制推行的保险，其主要目的在于保障车祸受害人能够及时获得基本救助。在我国目前社会保障和救助体制不健全、不完善，法院民事案件执行情况不尽如人意的大环境下，交强险的积极作用就显得尤为明显。

机动车交通事故造成的损害分两部分：人身伤亡和财产损失。依据《条例》第二十二条规定，驾驶人未取得驾驶资格或醉酒的，保险公司在机动车交通事故责任强制保险责任限额范围内垫付抢救费用，并有权向致害人追偿；有上述情形，发生道路交通事故的，造成受害人的财产损失，保险公司不承担赔偿责任。该条款规定了保险公司对受害人财产损失予以免责，抢救费用保险公司先行垫付但可追偿，对受害人所垫付抢救费用以外的人身伤亡损失及医疗费用赔偿并未规定保险公司免责。因此，要求保险公司对人身损害进行赔偿符合法律法规的规定。

《机动车交通事故责任强制保险条款》（以下简称《条款》）相关内容违反《条例》规定，不应当适用。中国保监会根据《条例》制定了《机动车交通事故责任强制保险条款》，成为交强险保险合同广泛适用的格式文本，该《条款》第九条规定，被保险机动车在本条（一）至（四）之一的情形下发生交通事故，造成受害人受伤需要抢救的，对于符合规定的抢救费用，保险人在医疗费用赔偿限额内垫付。被保险人在交通事故中无责任的，保险人在无责任医疗费用赔偿限额内垫付。对于其他损失和费用，保险人不负责垫付和赔偿。这（一）至（四）之一的情形是指驾驶人未取得驾驶资格的、驾驶人醉酒的、被保险机动车被盗抢期间肇事的和被保险人故意制造交通事故的。该条规定直接扩大了保险公司免责的范围，即保险公司对上述情形的交通事故实际上不用承担任何赔偿责任，这既超出了《条例》已经明确规定的保险公司免责规定，又明显违背了国家设立交强险的目的与宗旨，应当是无效的，不能作为法院判决的依据。另外，根据《立法法》第八十八条规定，法律的效力高于行政法规、地方性法规、规章。全国人大常委会制定的《道路交通安全法》属法律，国务院制定的《交强险条例》是行政法规，中国保监会制定的《交强险条款》属部门规章，故《道路交通安全法》第七十六条的法律效力最高。

法院审理后认为，交强险是法律赋予道路交通事故受害人获得赔偿的一种权益保障，保险公司应当在交强险限额范围内依法承担无过错的赔偿责任，在法律没有明确规定醉酒驾驶等情形保险公司可以免除交强险的死亡伤残赔偿金等人身伤亡损失赔偿责任，并且受害人不存在故意的情况下，均应当在交强险限额内承担赔偿责任。因此，本案中潘某因醉酒驾驶机动车造成受害人李某死亡，并且受害人李某不存在故意，保险公司应当在交强险限额范围内承担赔偿责任。依据道路交通安全法第七十六条规定，机动车发生交通事故造成人身伤亡、财产损失的，由保险公司在机动车第三者责任强制保险责任限额范围内予以赔偿。故法院判决保险公司在机动车交通事故责任强制保险责任限额范围内赔偿因本起交通事故造成李某死亡的各项经济损失人民币11万元。

第三章 汽车登记

2012年9月12日，《公安部关于修改〈机动车登记规定〉的决定》（公安部令第124号）发布施行。

第一节　汽车登记证书、号牌与行驶证

对机动车核发登记证书、号牌和行驶证，是车辆管理机关加强对车辆的监督管理，保障行车安全，充分发挥车辆运输效能的重要手段。对车辆进行登记、检验合格后核发牌证，有利于国家掌握各种车辆的数目、分布和使用情况；有利于群众监督驾驶员遵守交通法规、公共秩序，以保障交通安全；有利于维护社会治安，防止盗抢车，以保障车主的合法权益；有利于查缉交通违法行为和肇事后逃跑人员，以加强交通管理；有利于督促车主加强对车辆的维修，以保持车况的良好。

任何单位和个人都不得伪造或者使用伪造的机动车号牌和行驶证，不得倒卖、转借、挪用、涂改和骗领机动车号牌和行驶证。

任何单位和个人不得收缴、扣留机动车号牌。除公安机关交通管理部门外，任何单位或个人不准以任何借口收缴、扣留机动车行驶证。

汽车登记证书、号牌、行驶证、检验合格标志的种类、式样，以及各类登记表格式样等由公安部制定。

 小资料

最早的汽车号牌

法国：1893年8月14日，法国颁布了《巴黎警察条例》，最早使汽车悬挂行车号牌的规则制度化。根据条例的规定，"所有的汽车，都必须挂上印有所有人姓名、住址以及登记号码的金属号牌。号牌必需挂在车身左侧，保持在随时可以看见的位置上。"当时，有消息报道："号牌尺寸约9英寸×5英寸，白底黑字的号码。汽车尾灯的玻璃上也写有号码，一亮灯马上就可以看清车号。挂车号的办法相当不体面，给人一种不是属于私人，而是借来的感觉。"

荷兰：1898年颁发了第一个汽车号牌，成为最早由政府颁发汽车号牌的国家。荷兰汽车号牌根据车辆的所属功用安排号码，如AA打头的号牌，是荷兰皇家的专用号牌；B是商用号牌；CDJ是国际法庭专用号牌。

德国：1899年4月14日，德国慕尼黑警察局给巴伊斯尔特先生的瓦尔特布克汽车颁发了号牌，这是保存到现在的最古老的汽车号牌，也是德国最早的汽车号牌。这块号牌是一块长方形金属牌，上面只有一个数字"1"。

美国：1901年，美国纽约州开始实行第一个牌照法规——《纽约州汽车法规》。那时的号牌很小，是一个铝制圆盘，和50美分的金币大小差不多，上面印有牌号，并注有"纽约州汽车法规"一行小字。1956年，美国联邦政府才规定了标准尺寸的汽车号牌，长度为304.8mm，宽度为152.4mm，比纽约的号牌大了许多，以便人们看到。

英国：英国挂上第一号号牌的汽车是当时的拉塞尔伯爵的纳维亚号汽车，那是在1903年圣诞节前登记的。拉塞尔伯爵为了使自己的汽车挂上第一号，彻夜不眠，大清早就开车去登记，终以5s之先取得了第一号"A"号牌。

一、汽车登记证书

机动车登记证书是车辆所有权的法律证明，可以作为车辆担保抵押、过户和交易等的凭证。

作为机动车登记的证明文件，机动车登记证书由机动车所有人保管，不随车携带。此后办理转籍、过户等任何车辆登记时都要求出具，并在其上记录车辆的有关情况。除《机动车登记证书》丢失需要补领以外，其他所有登记都可以由代理人代理。

汽车登记证书由公安部统一印制。

小资料

最贵的号牌

2008年2月16日，阿联酋再有"牌王"诞生，"1"号号牌（图3-1）以5 220万阿联酋迪拉姆（当时约合1 420万美元）成交，创下全球最贵号牌纪录，比前纪录保持者"5"号号牌的2 520万阿联酋迪拉姆更高逾一倍。

2016年11月19日下午，广东省揭阳市举办公开竞价发放小汽车号牌竞价会，其中"粤V99999"以320万元的成交价拍出，再次刷新中国内地车牌成交价纪录。这块内地最贵车牌被配备在一辆宾利车上。

图3-1 世界最贵的号牌

二、汽车号牌

1. 机动车号牌

机动车号牌是准予机动车在我国境内道路上行驶的法定标志。

机动车号牌式样，要做到统一标准字模、标准色板、反光膜，以提高机动车号牌的防伪性能。

机动车号牌按管辖性质的不同，可分为军用车号牌、武警车号牌、警察专用车号牌（图 3-2、图 3-3）、民用车号牌、使馆和领事馆号牌（图 3-4、图 3-5）、港澳入出境号牌（图 3-6）等；按号牌使用性质的不同，可分为正式号牌、临时行驶号牌（包括试验用机动车、特型机动车）、临时入境号牌、教练车号牌（图 3-7）等；按机动车类型的不同，可分为大型车号牌（图 3-8、图 3-9）、小型车号牌（图 3-10）、低速汽车（原四轮农用运输车）号牌（图 3-11）、拖拉机号牌、摩托车号牌、挂车号牌（图 3-12）等。

临时号牌为纸质材料，其他号牌为铝合金材料。

图 3-2 警车前号牌（白底黑字，"警"为红字）

图 3-3 警车后号牌（白底黑字，"警"为红字）

图 3-4 使馆车号牌（黑底白字，"使"为红字）

图 3-5 领事馆车号牌（黑底白字，"领"为红字）

图 3-6 港澳入出境号牌（黑底白字）

图 3-7 教练车号牌（黄底黑字）

图 3-8 大型车前号牌（黄底黑字）

图 3-9 大型车后号牌（黄底黑字）

图 3-10 小型车号牌（蓝底白字）

图 3-11 低速汽车号牌（黄底黑字）

图 3-12 挂车号牌（黄底黑字）

在用民用机动车号牌于 1994 年 7 月 1 日开始更换启用，称之为"92 式"。这是我国车辆管理史上第六代机动车牌证。"92 式"号牌共有 24 种，号牌牌面的编排由省（自治区、直辖市）简称、发牌机关代号和注册编号组成。用汉字注明省、自治区、直辖市的简称，发牌机关代号为英文字母，其中字母 I 一般不使用，以免与数字 1 混淆；字母 O 专用于省、自治区、直辖市的发牌机关。发牌机关代号由各省、自治区、直辖市确定。民用汽车车号一般为 5 位数字，即 00001～99999；某一地区编号超过 10 万时，由 A、B、C 等英文字母代替，A 代表 10 万，B 代表 11 万，C 代表 12 万，其余类推。

2002 年 8 月 12 日，公安部推出了"2002 式"民用汽车号牌。该式号牌将号码由 5 位升为 6 位，为可自选号码的"个性化车牌"，但在北京、天津、杭州、深圳 4 市试行了几天后，就于 2002 年 8 月 22 日"因技术原因"暂停了。

> **小资料**
>
> **2002 式个性化车牌**
>
> 2002 式个性化车牌采用国际通用的浅底黑字，车牌分两行，上面一行表示"发证机关代码"，下面的大字是编码。编码为左右两段的格式，车主可按"3 个英文字母 + 3 个阿拉伯数字"的格式自行组合，如图 3-13 所示。
>
>
>
> 图 3-13　不多见的 2002 式个性化车牌
>
> 由于车牌的 6 位编码可由车主自己组合，这成为了这一车牌吸引众多车主的最大特点。不过，由于部分车牌不符合社会规范，这或许是新车牌被紧急叫停的重要原因。

2018 年 5 月 1 日，《中华人民共和国机动车号牌》（GA 36—2018）标准实施。新标准代替旧标准（GA 36—2014），规定了机动车号牌的分类、规格、颜色、适用范围、式样、技术要求、试验方法、检验规则、包装、更换、放大号和生产管理等要求，增加了新能源汽车号牌。新标准的车牌种类为 21 种（包括警用车牌）。

为更好辨识新能源汽车，实施差异化交通管理，我国启用了新能源汽车专用号牌。2016 年 12 月 1 日，上海、南京、无锡、济南、深圳 5 个城市率先启动新能源汽车号牌试点工作。2018 年上半年，全国所有城市全面启用新能源汽车号牌（图 3-14、图 3-15）。

图 3-14 小型新能源汽车专用号牌（绿底黑字）　　图 3-15 大型新能源汽车专用号牌
（黄绿双色底黑字）

与普通汽车号牌相比，新能源汽车专用号牌在外观式样上主要有 4 个变化：一是突出绿色元素，体现鲜明特点。新能源汽车专用号牌式样底色以绿色为主色调，突出绿色环保的寓意，采用全新的号牌号码字体，便于在服务管理中准确识别、明显辨识。其中，小型新能源汽车专用号牌底色采用渐变绿色，大型新能源汽车专用号牌底色采用黄绿双拼色。二是增设专用标识，展现电动特色。在号牌式样上增加新能源汽车号牌专用标识，标识整体以绿色为底色，寓意电动、新能源，绿色圆圈中右侧为电动插头图案，左侧彩色部分与英文字母"E"（Electric，意为"电"）相似。三是号牌号码升位，增加号牌容量。与普通汽车号牌相比，新能源汽车专用号牌号码由 5 位升为 6 位，升位后号牌号码容量增大、资源更加丰富，编码规则更加科学合理，可以满足"少使用字母、多使用数字"的编排需要。四是改进制作工艺，提高防伪性能。采用无污染烫印制作方式制作，工艺绿色环保。同时，增加了二维条码、防伪底纹暗记、激光图案等防伪技术，实现号牌唯一性和生产源头可追溯，提高了防伪性能。

小型新能源汽车专用号牌的第一位、大型新能源汽车专用号牌的最后一位启用字母 D、F，D 代表纯电动新能源汽车，F 代表非纯电动新能源汽车。

新能源汽车专用号牌的具体编码规则是省份简称（1 位汉字）+发牌机关代号（1 位字母）+序号（6 位）。小型新能源汽车号牌的第一位必须使用字母 D、F，第二位可以使用字母或者数字，后四位必须使用数字。大型新能源汽车号牌的第六位必须使用字母 D、F，前五位必须使用数字。序号中英文字母 I 和 O 不能使用。

2. 机动车号牌号码

机动车号牌号码是机动车的登记编号。机动车登记编号包含：用汉字表示的省、自治区、直辖市简称，用英文字母表示的发牌机关代号，由阿拉伯数字和英文字母组成的序号以及用汉字表示的专用号牌简称。

机动车号牌号码有两种选取方式，机动车所有人可任选一种：一种是通过计算机公开自动选择，可以从至少 20 个（最多 50 个）号牌号码中选取 1 个，机动车所有人选毕即可当场领到号牌；另一种是由机动车所有人按照机动车号牌编码规则自行编排确定，只要选定的号牌号码先前没有人使用，即可由本人使用。

实行自编自选的，不收取选号费，号牌工本费也保持不变。机动车所有人自行编排选号可以在车辆管理所内进行，也可以通过互联网（登录 www.122.gov.cn 或手机客户端"交管12123"）编排确定。号牌的汉字和第一位字母不能选择；后 5 位可以选择，每一位可以是数字，也可以是英文字母，但字母最多仅可使用 2 个，且不能使用容易与数字混淆的 I 和 O。在具体操作中，各省（区、市）根据本地号牌资源情况和实际管理需要，制定具体的编排规则；有的允许 5 位都自编，有的是 4 位，有的是 3 位。

自行编排机动车号牌号码，适用于中小型汽车新车注册登记和小型汽车转入的登记业务。警用、教练、工程抢险、消防、出租客运、小型专项作业、低速载货、三轮汽车等特殊和特种车辆不适用于此种号牌号码选取方式。

从 2019 年 6 月 1 日起，对登记在同一机动车所有人（个人或者单位）名下的同号牌种类的非营运车辆，可以申请车辆间互换机动车号牌号码；同一机动车一年内可变更 1 次号牌号码。放宽使用原机动车号牌号码时限，原车注销、迁出或转移后，原车主再行购买新车或者二手车均可使用原号牌号码，也可以申请使用新的号牌号码。保留原号的时限调整为 2 年。原车主在 2 年内没有申请使用的，该号牌将重新进入选号池，向社会公开发放。

 小资料

中国最早的汽车号牌

在我国，历史上曾把汽车号牌称为"车号照会"。1912 年，上海租界首先开始对汽车实施核发"车号照会"的管理办法，这是中国的第一代汽车号牌。在这之前，是把汽车列为马车管理，核发马车号牌。那时的上海已有汽车 140 辆，于是，工部局决定对上海的汽车发号牌，设置了 1 号到 500 号的私家车号。车牌的式样比较单一，就是黑底白字，每季度每辆车要缴纳税金 15 两银。

曾有坊间传闻，住在上海公共租界的宁波籍富商周湘云，在工部局纳税后领得上海第一号汽车号牌。当时上海的电话和西式马车的第一号牌照均被外国人占有，而第一号汽车牌照被中国人所有，于是地皮大王、英籍犹太人哈同（Silas A. Hardoon，1851—1931）愿以 5 000 银元买下第一号汽车号牌。周湘云不肯放弃，哈同恼羞成怒，声言要以武力争夺，周湘云只好整日把汽车锁在家中，不敢开出去。这件事在上海滩一时流传甚广，周湘云的举措受到了世人称赞。

实际上，中国的第一块汽车号牌并不是被中国人拿下的，而是一个丹麦籍的医生。周湘云是上海滩的风云人物，他的名字在上海公共租界工部局纳税人的名册上排名第五。他的弟弟周纯卿，对当时时尚的物品情有独钟。当时，他听闻那个拿着中国第一块汽车号牌的丹麦籍医生要回国了，就抢先一步，把他的旧汽车连同号牌一同买了下来。车前挂的号牌是铜质椭圆形的，黑漆，写的是古罗马字"Ⅰ"，号码下刻着上海工部局的缩写：S. M. C.。

1939 年，我国发布了《汽车管理规则》，对全国汽车号牌做了统一的规定，这是我国第一次统一全国汽车号牌。

1949 年 9 月，新中国开始启动全国统一汽车号牌，统一规范机动车号牌大小、颜色和材质，如图 3-16 所示。

图 3-16　新中国第一代汽车号牌

三、汽车行驶证

汽车行驶证是准予汽车在我国境内道路上行驶的法定证件。行驶证过去常被称为行车执照。

行驶证由证夹、主页、车辆照片和副页组成，是用以记录机动车号牌号码、车型、车主、住址、发动机号、车架号、总质量、使用性质、核定载质（客）量及有关事项的证书。

新版行驶证综合使用了近30项防伪技术，重点改进了直观视觉查验的技术。其证芯材料采用专用纸张，为非标准克重的专用安全纸张，并嵌入荧光纤维和开窗式彩色金属线，从而从源头上控制了证芯材料，提高了造假难度；证芯采用防伪印刷，底纹从普通印刷变为专业防伪印刷，并采用随机底纹、特殊暗记和印章荧光印刷等技术措施；证芯增加了一维条码表示的序列号，加强了对行驶证生产、核发和使用的溯源管理。同时，统一专用防伪塑封套的技术要求；使用双通道变色、双色荧光图案；采用全息透镜技术；开发应用了数字化发行和使用管理系统，这些都规范了行驶证的使用和管理。此外，新版行驶证还对行驶证的个别签注项目进行了调整。

第二节 汽车登记规定

一、汽车登记机关

省级公安机关交通管理部门负责本省（自治区、直辖市）机动车登记工作的指导、检查和监督。

直辖市公安机关交通管理部门车辆管理所、设区的市或者相当于同级的公安机关交通管理部门车辆管理所负责办理本行政辖区内机动车登记业务。

县级公安机关交通管理部门车辆管理所可以办理本行政辖区内摩托车、三轮汽车、低速载货汽车登记业务。条件具备的，可以办理除进口机动车、危险化学品运输车、校车、中型以上载客汽车以外的其他机动车登记业务。具体业务范围和办理条件由省级公安机关交通管理部门确定。

车辆管理所办理机动车登记，应当遵循公开、公正、便民的原则。

车辆管理所在受理机动车登记申请时，对申请材料齐全并符合法律、行政法规和规定的，应当在规定的时限内办结。对申请材料不齐全或者其他不符合法定形式的，应当一次告知申请人需要补正的全部内容。对不符合规定的，应当书面告知不予受理、登记的理由。

车辆管理所应当将法律、行政法规和规定的有关机动车登记的事项、条件、依据、程序、期限以及收费标准、需要提交的全部材料的目录和申请表示范文本等在办理登记的场所公示。

车辆管理所应当使用计算机登记系统办理机动车登记，并建立数据库。不使用计算机登记系统登记的，登记无效。

小资料

进口机动车

进口机动车是指经国家限定口岸海关进口的汽车；经各口岸海关进口的其他机动车；海关监管的机动车；国家授权的执法部门没收的走私、无合法进口证明和利用进口关键件非法拼（组）装的机动车。

二、注册登记

1. 注册登记安全技术检验

初次申领机动车号牌、行驶证的，机动车所有人应当向住所地的车辆管理所申请注册登记。

机动车所有人应当到机动车安全技术检验机构对机动车进行安全技术检验，取得机动车安全技术检验合格证明后申请注册登记。但经海关进口的机动车和国务院机动车产品主管部门认定免予安全技术检验的机动车除外。

免予安全技术检验的机动车有下列情形之一的，应当进行安全技术检验：国产机动车出厂后 2 年内未申请注册登记的；经海关进口的机动车进口后 2 年内未申请注册登记的；申请注册登记前发生交通事故的。

专用校车办理注册登记前，应当按照专用校车国家安全技术标准进行安全技术检验。

2. 注册登记手续

机动车所有人应当交验机动车，并提交以下证明、凭证：

1）机动车所有人的身份证明。
2）购车发票等机动车来历证明。
3）机动车整车出厂合格证明或者进口机动车进口凭证。
4）车辆购置税完税证明或者免税凭证。
5）机动车交通事故责任强制保险凭证。
6）车船税纳税或者免税证明。
7）法律、行政法规规定应当在机动车注册登记时提交的其他证明、凭证。

不属于经海关进口的机动车和国务院机动车产品主管部门规定免予安全技术检验的机动车，还应当提交机动车安全技术检验合格证明。

3. 注册登记流程

车辆管理所应当自受理申请之日起 2 日内，确认机动车，核对车辆识别代号拓印膜，审查提交的证明、凭证，核发机动车登记证书、号牌、行驶证和检验合格标志。

车辆管理所办理消防车、救护车、工程救险车注册登记时，应当对车辆的使用性质、标志图案、标志灯具和警报器进行审查。

车辆管理所办理全挂汽车列车和半挂汽车列车注册登记时，应当对牵引车和挂车分别核发机动车登记证书、号牌和行驶证。

4. 不予办理注册登记的情形

有下列情形之一的，不予办理注册登记：

1）机动车所有人提交的证明、凭证无效的。

2）机动车来历证明被涂改或者机动车来历证明记载的机动车所有人与身份证明不符的。

3）机动车所有人提交的证明、凭证与机动车不符的。

4）机动车未经国务院机动车产品主管部门许可生产或者未经国家进口机动车主管部门许可进口的。

5）机动车的有关技术数据与国务院机动车产品主管部门公告的数据不符的。

6）机动车的型号、发动机号码、车辆识别代号或者有关技术数据不符合国家安全技术标准的。

7）机动车达到国家规定的强制报废标准的。

8）机动车被人民法院、人民检察院、行政执法部门依法查封、扣押的。

9）机动车属于被盗抢的。

10）其他不符合法律、行政法规规定的情形。

 小资料

进口机动车进口凭证

进口机动车的进口凭证，是指国家限定口岸海关签发的《货物进口证明书》；其他进口机动车的进口凭证，是各口岸海关签发的《货物进口证明书》；海关监管的机动车的进口凭证，是监管地海关出具的《中华人民共和国海关监管车辆进（出）境领（销）牌照通知书》；国家授权的执法部门没收的走私、无进口证明和利用进口关键件非法拼（组）装的机动车的进口凭证，是该部门签发的《没收走私汽车、摩托车证明书》。

三、变更登记

1. 申请变更登记的情形

已注册登记的机动车有下列情形之一的，机动车所有人应当向登记地车辆管理所申请变更登记：

1）改变车身颜色的。

2）更换发动机的。

3）更换车身或者车架的。

4）因质量问题更换整车的。

5）营运机动车改为非营运机动车或者非营运机动车改为营运机动车等使用性质改变的。

6）机动车所有人的住所迁出或者迁入车辆管理所管辖区域的。

2. 变更登记手续

申请变更登记的机动车所有人应当交验机动车，并提交以下证明、凭证：

1）机动车所有人的身份证明。

2）机动车登记证书。

3）机动车行驶证。

4）属于更换发动机、车身或者车架的，还应当提交机动车安全技术检验合格证明。

5）属于因质量问题更换整车的，还应当提交机动车安全技术检验合格证明，但经海关进口的机动车和国务院机动车产品主管部门认定免予安全技术检验的机动车除外。

机动车所有人为两人以上，需要将登记的所有人姓名变更为其他所有人姓名的，可以向登记地车辆管理所申请变更登记，应当提交机动车登记证书、行驶证、变更前和变更后机动车所有人的身份证明和共同所有的公证证明，但属于夫妻双方共同所有的，可以提供《结婚证》或者证明夫妻关系的《居民户口簿》。

3. 变更登记流程

车辆管理所应当自受理之日起 1 日内，确认机动车，审查提交的证明、凭证，在机动车登记证书上签注变更事项，收回行驶证，重新核发行驶证。

车辆管理所办理机动车变更登记时，需要改变机动车号牌号码的，收回号牌、行驶证，确定新的机动车号牌号码，重新核发号牌、行驶证和检验合格标志。

机动车所有人的住所迁出车辆管理所管辖区域的，车辆管理所应当自受理之日起 3 日内，在机动车登记证书上签注变更事项，收回号牌、行驶证，核发有效期为 30 日的临时行驶车号牌，将机动车档案交机动车所有人。机动车所有人应当在临时行驶车号牌的有效期限内到住所地车辆管理所申请机动车转入。

申请机动车转入的，机动车所有人应当提交身份证明、机动车登记证书、机动车档案，并交验机动车。机动车在转入时已超过检验有效期的，应当在转入地进行安全技术检验并提交机动车安全技术检验合格证明和交通事故责任强制保险凭证。车辆管理所应当自受理之日起 3 日内，确认机动车，核对车辆识别代号拓印膜，审查相关证明、凭证和机动车档案，在机动车登记证书上签注转入信息，核发号牌、行驶证和检验合格标志。

车辆购置税

车辆购置税是对在我国境内购置规定车辆的单位和个人征收的一个税种，它由车辆购置附加费演变而来。2001 年 1 月 1 日起实施《中华人民共和国车辆购置税暂行条例》。2018 年 12 月 29 日，第十三届全国人民代表大会常务委员会第七次会议通过了《中华人民共和国车辆购置税法》，该法于 2019 年 7 月 1 日起实施。

车辆购置税的纳税人为购置（包括购买、进口、自产、受赠、获奖或以其他方式取得并自用）应税车辆的单位和个人，征税范围为汽车、摩托车、电车、挂车、农用运输车。依照法律规定应当予以免税的外国驻华使馆、领事馆和国际组织驻华机构及其有关人员自用的车辆；中国人民解放军和中国人民武装警察部队列入装备订货计划的车辆；设有固定装置的非运输专用作业车辆；悬挂应急救援专用号牌的国家综合性消防救援车辆；城市公交企业购置的公共汽电车辆等五类车辆可免征车辆购置税。2001 年—2017 年，全国累计征收车辆购置税 26 214 亿元，年均增长 17%，其中 2017 年征收车辆购置税 3 281 亿元。

> 车辆购置税税率为10%（2009年和2010年，对1.6L及以下排量的乘用车曾分别按5%和7.5%的税率征收）。由于机动车销售专用发票的购车价中均含增值税税款，所以在计征车辆购置税税额时，必须先将17%的增值税剔除，即车辆购置税计税价格=发票价÷(1+17%)，然后再按税率计征车辆购置税。如果发票价低于了规定的最低计税价格时，车辆购置税按最低计税价计算，这样做的目的主要是避免发票票面价格低于实际价格时出现的偷逃税行为。
>
> 因此，车辆购置税应纳税额的计算公式为
>
> 应纳税额 = 计税价格 × 税率 = 发票价 ÷ (1+17%) × 10%

4. 不予办理变更登记的情形

有下列情形之一的，不予办理变更登记：

1）改变机动车的品牌、型号和发动机型号的，但经国务院机动车产品主管部门许可选装的发动机除外。

2）改变已登记的机动车外形和有关技术数据的，但法律、法规和国家强制性标准另有规定的除外。

3）机动车所有人提交的证明、凭证无效的。

4）机动车达到国家规定的强制报废标准的。

5）机动车被人民法院、人民检察院、行政执法部门依法查封、扣押的。

6）机动车属于被盗抢的。

5. 不需要办理变更登记的情形（在不影响安全和识别号牌的情况下）

1）小型、微型载客汽车加装前后防撞装置。

2）货运机动车加装防风罩、水箱、工具箱、备胎架等。

3）增加机动车车内装饰。

小资料

中国主要城市汽车保有量排行榜

截至2017年底，全国机动车保有量达3.10亿辆（其中汽车保有量达2.13亿辆）。全国有25个城市汽车保有量超200万辆，依次是：1. 北京564万辆；2. 成都452万辆；3. 重庆371万辆；4. 上海359万辆；5. 苏州355万辆；6. 深圳322万辆；7. 郑州304万辆；8. 天津287万辆；9. 西安271万辆；10. 东莞263万辆；11. 武汉261万辆；12. 石家庄247万辆；13. 青岛246万辆；14. 杭州244万辆；15. 广州240万辆；16. 南京239万辆；17. 温州233万辆；18. 宁波229万辆；19. 佛山228万辆；20. 保定217万辆；21. 长沙217万辆；22. 昆明215万辆；23. 临沂215万辆；24. 潍坊212万辆；25. 沈阳210万辆。

6. 备案项目

1）机动车所有人住所在车辆管理所管辖区域内迁移、机动车所有人姓名（单位名称）变更的，机动车所有人应当提交身份证明、机动车登记证书、行驶证和相关变更证明。车辆管理所应当自受理之日起1日内，在机动车登记证书上签注备案事项，重新核发

行驶证。

2）机动车所有人联系方式变更的，机动车所有人应当提交身份证明和行驶证。车辆管理所应当自受理之日起 1 日内办理备案。

3）机动车所有人的身份证明名称或者号码变更的，可以向登记地车辆管理所申请备案。机动车所有人应当提交身份证明、机动车登记证书。车辆管理所应当自受理之日起 1 日内，在机动车登记证书上签注备案事项。

4）发动机号码、车辆识别代号因磨损、锈蚀、事故等原因辨认不清或者损坏的，可以向登记地车辆管理所申请备案。机动车所有人应当提交身份证明、机动车登记证书、行驶证。车辆管理所应当自受理之日起 1 日内，在发动机、车身或者车架上打刻原发动机号码或者原车辆识别代号，在机动车登记证书上签注备案事项。

四、转移登记

已注册登记的机动车所有权发生转移的，现机动车所有人应当自机动车交付之日起 30 日内向登记地车辆管理所申请转移登记。

机动车所有人申请转移登记前，应当将涉及该车的道路交通安全违法行为和交通事故处理完毕。

1. 转移登记手续

现机动车所有人应当交验机动车，并提交以下证明、凭证：

1）现机动车所有人的身份证明。
2）机动车所有权转移的证明、凭证。
3）机动车登记证书。
4）机动车行驶证。
5）属于海关监管的机动车，还应当提交《中华人民共和国海关监管车辆解除监管证明书》或者海关批准的转让证明。
6）属于超过检验有效期的机动车，还应当提交机动车安全技术检验合格证明和交通事故责任强制保险凭证。

2. 转移登记流程

现机动车所有人住所在车辆管理所管辖区域内的，车辆管理所应当自受理申请之日起 1 日内，确认机动车，核对车辆识别代号拓印膜，审查提交的证明、凭证，收回号牌、行驶证，确定新的机动车号牌号码，在机动车登记证书上签注转移事项，重新核发号牌、行驶证和检验合格标志。

现机动车所有人住所不在车辆管理所管辖区域内的，参照上述变更登记流程中机动车所有人的住所迁出车辆管理所管辖区域的相关规定办理。

为了便利车辆异地转籍登记，从 2018 年 9 月 1 日起，试点推行非营运小微型载客汽车档案电子化网上转递，对迁出登记地的，申请人不再需要提取纸质档案；对办理车辆转籍的，申请人可以直接到车辆迁入地车辆管理所申请，无需再回迁出地验车，以减少两地间往返。

3. 不予办理转移登记的情形

有下列情形之一的，不予办理转移登记：

1）机动车与该车档案记载内容不一致的。
2）属于海关监管的机动车，海关未解除监管或者批准转让的。
3）机动车在抵押登记、质押备案期间的。
4）机动车所有人提交的证明、凭证无效的。
5）机动车来历证明被涂改或者机动车来历证明记载的机动车所有人与身份证明不符的。
6）机动车达到国家规定的强制报废标准的。
7）机动车被人民法院、人民检察院、行政执法部门依法查封、扣押的。
8）机动车属于被盗抢的。

4. 特殊情况的转移登记

被人民法院、人民检察院和行政执法部门依法没收并拍卖，或者被仲裁机构依法仲裁裁决，或者被人民法院调解、裁定、判决机动车所有权转移时，原机动车所有人未向现机动车所有人提供机动车登记证书、号牌或者行驶证的，现机动车所有人在办理转移登记时，应当提交人民法院出具的未得到机动车登记证书、号牌或者行驶证的《协助执行通知书》，或者人民检察院、行政执法部门出具的未得到机动车登记证书、号牌或者行驶证的证明。车辆管理所应当公告原机动车登记证书、号牌或者行驶证作废，并在办理转移登记的同时，补发机动车登记证书。

 小资料

住　　址

居民的住址，是《居民身份证》或者《临时居民身份证》记载的住址；现役军人（含武警）的住址，是《居民身份证》或者《临时居民身份证》记载的住址。在未办理《居民身份证》前，是其所在的团级以上单位出具的本人住所证明记载的住址；境外人员的住址，是公安机关核发的居住、暂住或者住宿登记证明记载的地址；外国驻华使馆、领事馆人员及国际组织驻华代表机构人员的住址，是外交部核发的有效身份证件记载的地址；单位的住所为其主要办事机构所在地的地址。

五、抵押登记

机动车所有人将机动车作为抵押物抵押的，应当向登记地车辆管理所申请抵押登记；抵押权消灭的，应当向登记地车辆管理所申请解除抵押登记。

1. 抵押登记手续

由机动车所有人和抵押权人共同申请，并提交下列证明、凭证：
1）机动车所有人和抵押权人的身份证明。
2）机动车登记证书。
3）机动车所有人和抵押权人依法订立的主合同和抵押合同。

2. 抵押登记流程

车辆管理所应当自受理之日起1日内，审查提交的证明、凭证，在机动车登记证书上签注抵押登记的内容和日期。

机动车抵押登记日期、解除抵押登记日期可以供公众查询。

3. 解除抵押登记

由机动车所有人和抵押权人共同申请,并提交下列证明、凭证:

1)机动车所有人和抵押权人的身份证明。

2)机动车登记证书。

人民法院调解、裁定、判决解除抵押的,机动车所有人或者抵押权人应当提交机动车登记证书、人民法院出具的已经生效的《调解书》《裁定书》或者《判决书》,以及相应的《协助执行通知书》。

车辆管理所应当自受理之日起1日内,审查提交的证明、凭证,在机动车登记证书上签注解除抵押登记的内容和日期。

4. 不予办理抵押登记和解除抵押登记的情形

有下列情形之一的,不予办理抵押登记:

1)机动车所有人提交的证明、凭证无效的。

2)机动车达到国家规定的强制报废标准的。

3)机动车被人民法院、人民检察院、行政执法部门依法查封、扣押的。

4)机动车属于被盗抢的。

5)属于海关监管的机动车,海关未解除监管或者批准转让的。

对机动车所有人提交的证明、凭证无效,或者机动车被人民法院、人民检察院、行政执法部门依法查封、扣押的,不予办理解除抵押登记。

六、注销登记

1. 强制报废车辆注销登记

已达到国家强制报废标准的机动车,机动车所有人向机动车回收企业交售机动车时,应当填写申请表,提交机动车登记证书、号牌和行驶证。机动车回收企业应当确认机动车并解体,向机动车所有人出具《报废机动车回收证明》。报废的校车、大型客、货车及其他营运车辆应当在车辆管理所的监督下解体。

机动车回收企业应当在机动车解体后7日内将申请表、机动车登记证书、号牌、行驶证和《报废机动车回收证明》副本提交车辆管理所,申请注销登记。

2. 申请注销登记情形

非强制报废机动车有下列情形之一的,机动车所有人应当向登记地车辆管理所申请注销登记:

1)机动车灭失的。

2)机动车因故不在我国境内使用的。

3)因质量问题退车的。

除机动车灭失外,机动车所有人申请注销登记前,应当将涉及该车的道路交通安全违法行为和交通事故处理完毕。

3. 申请注销登记手续

机动车所有人申请注销登记的,应当并提交以下证明、凭证:

1）机动车登记证书。

2）机动车行驶证。

3）属于机动车灭失的，还应当提交机动车所有人的身份证明和机动车灭失证明。

4）属于机动车因故不在我国境内使用的，还应当提交机动车所有人的身份证明和出境证明，其中属于海关监管的机动车，还应当提交海关出具的《中华人民共和国海关监管车辆进（出）境领（销）牌照通知书》。

5）属于因质量问题退车的，还应当提交机动车所有人的身份证明和机动车制造厂或者经销商出具的退车证明。

4. 注销登记流程

车辆管理所应当自受理之日起1日内，审查提交的证明、凭证，收回机动车登记证书、号牌、行驶证，出具注销证明。

因车辆损坏无法驶回登记地的，机动车所有人可以向车辆所在地机动车回收企业交售报废机动车。交售机动车时应当填写申请表，提交机动车登记证书、号牌和行驶证。机动车回收企业应当确认机动车并解体，向机动车所有人出具《报废机动车回收证明》。报废的校车、大型客、货车及其他营运车辆应当在报废地车辆管理所的监督下解体。

机动车回收企业应当在机动车解体后7日内将申请表、机动车登记证书、号牌、行驶证和《报废机动车回收证明》副本提交报废地车辆管理所，申请注销登记。

报废地车辆管理所应当自受理之日起1日内，审查提交的证明、凭证，收回机动车登记证书、号牌、行驶证，并通过计算机登记系统将机动车报废信息传递给登记地车辆管理所。

登记地车辆管理所应当自接到机动车报废信息之日起1日内办理注销登记，并出具注销证明。

5. 强制注销登记

已注册登记的机动车有下列情形之一的，登记地车辆管理所应当办理注销登记：

1）机动车登记被依法撤销的。

2）达到国家强制报废标准的机动车被依法收缴并强制报废的。

3）达到国家强制报废标准，机动车所有人逾期不办理注销登记的。

6. 不予办理注销登记的情形

已注册登记的机动车有下列情形之一的，不予办理注销登记：

1）机动车所有人提交的证明、凭证无效的。

2）机动车被人民法院、人民检察院、行政执法部门依法查封、扣押的。

3）机动车属于被盗抢的。

4）机动车与该车档案记载内容不一致的。

5）机动车在抵押登记、质押备案期间的。

七、校车标牌核发

1. 核发程序

1）申请。学校或者校车服务提供者申请校车使用许可，应当按照《校车安全管理条例》向县级或者设区的市级人民政府教育行政部门提出申请。公安机关交通管理部门收到教育行政部门送来的征求意见材料后，应当在1日内通知申请人交验机动车。

2）查验校车。县级或者设区的市级公安机关交通管理部门应当自申请人交验机动车之日起2日内确认机动车，查验校车标志灯、停车指示标志、卫星定位装置以及逃生锤、干粉灭火器、急救箱等安全设备，审核行驶线路、开行时间和停靠站点。属于专用校车的，还应当查验校车外观标识。

3）审查证明、凭证：机动车所有人的身份证明；机动车行驶证；校车安全技术检验合格证明；包括行驶线路、开行时间和停靠站点的校车运行方案；校车驾驶人的机动车驾驶证。

2. 领取校车标牌手续

学校或者校车服务提供者按照《校车安全管理条例》取得校车使用许可后，应当向县级或者设区的市级公安机关交通管理部门领取校车标牌。

领取时应当并提交以下证明、凭证：机动车所有人的身份证明；校车驾驶人的机动车驾驶证；机动车行驶证；县级或者设区的市级人民政府批准的校车使用许可；县级或者设区的市级人民政府批准的包括行驶线路、开行时间和停靠站点的校车运行方案。

公安机关交通管理部门应当在收到领取表之日起3日内核发校车标牌。对属于专用校车的，应当核对行驶证上记载的校车类型和核载人数；对不属于专用校车的，应当在行驶证副页上签注校车类型和核载人数。

3. 校车标牌的使用、补领和换领

校车标牌应当记载本车的号牌号码、机动车所有人、驾驶人、行驶线路、开行时间、停靠站点、发牌单位、有效期限等信息。校车标牌分前后两块，分别放置于前风窗玻璃右下角和后风窗玻璃适当位置。

校车标牌有效期的截止日期与校车安全技术检验有效期的截止日期一致，但不得超过校车使用许可有效期。

校车标牌灭失、丢失或者损毁的，学校或者校车服务提供者应当向核发标牌的公安机关交通管理部门申请补领或者换领。申请时，应当提交机动车所有人的身份证明及机动车行驶证。公安机关交通管理部门应当自受理之日起3日内审核，补发或者换发校车标牌。

4. 校车检验

专用校车应当自注册登记之日起每半年进行一次安全技术检验，非专用校车应当自取得校车标牌后每半年进行一次安全技术检验。

学校或者校车服务提供者应当在校车检验有效期满前1个月内向公安机关交通管理部门申请检验合格标志。

公安机关交通管理部门应当自受理之日起1日内，确认机动车，审查提交的证明、凭证，核发检验合格标志，换发校车标牌。

5. 校车变更及管理

专用校车不得改变使用性质。

校车行驶线路、开行时间、停靠站点或者车辆、所有人、驾驶人发生变化的，经县级或者设区的市级人民政府批准后，应当按照本规定重新领取校车标牌。

校车达到报废标准或者不再作为校车使用的,使用许可被吊销、注销或者撤销的,学校或者校车服务提供者应当拆除校车标志灯、停车指示标志,消除校车外观标识,并将校车标牌交回核发的公安机关交通管理部门。

学校或者校车服务提供者应当自取得校车标牌之日起,每月查询校车道路交通安全违法行为记录,及时到公安机关交通管理部门接受处理。核发校车标牌的公安机关交通管理部门应当每月汇总辖区内校车道路交通安全违法和交通事故等情况,通知学校或者校车服务提供者,并通报教育行政部门。

机动车灭失证明

因自然灾害造成机动车灭失的证明是,自然灾害发生地的街道、乡、镇以上政府部门出具的机动车因自然灾害造成灭失的证明;因失火造成机动车灭失的证明是,火灾发生地的县级以上公安机关消防部门出具的机动车因失火造成灭失的证明;因交通事故造成机动车灭失的证明是,交通事故发生地的县级以上公安机关交通管理部门出具的机动车因交通事故造成灭失的证明。

八、质押备案

申请办理机动车质押备案或者解除质押备案的,由机动车所有人和典当行共同申请,机动车所有人应当提交以下证明、凭证:机动车所有人和典当行的身份证明;机动车登记证书。

车辆管理所应当自受理之日起 1 日内,审查提交的证明、凭证,在机动车登记证书上签注质押备案或者解除质押备案的内容和日期。

对机动车所有人提交的证明、凭证无效的,机动车达到国家规定的强制报废标准的,机动车被人民法院、人民检察院、行政执法部门依法查封、扣押的,机动车属于被盗抢的,不予办理质押备案。

对机动车所有人提交的证明、凭证无效,或者机动车被人民法院、人民检察院、行政执法部门依法查封、扣押的,不予办理解除质押备案。

黄金马车

1792 年开始使用的黄金马车(Gold Coach,图 3-17),自从英国国王乔治三世(George Ⅲ,1738 年—1820 年)以来,所有的英国国王都是坐着这辆马车去参加加冕仪式。这辆世界上最豪华的马车,由当时英国最著名的设计大师和雕刻大师精心雕琢而成,最后还镀上了黄金,重达 4 000 kg,整个马车的装饰极其豪华奢侈,车身两侧的图案由意大利著名画家绘制。即使在科技高度发达的今天,英国女王在参加加冕仪式时,仍然要乘坐这辆传统的黄金马车。

图3-17 英国黄金马车（Gold Coach）

九、补领、换领机动车登记证书、号牌、行驶证、检验合格标志

启用机动车登记证书前已注册登记的机动车未申领机动车登记证书的，机动车所有人可以向登记地车辆管理所申领机动车登记证书。但属于机动车所有人申请变更、转移或者抵押登记的，应当在申请前向车辆管理所申领机动车登记证书。申请时，机动车所有人应当交验机动车并提交身份证明。车辆管理所应当自受理之日起5日内，确认机动车，核对车辆识别代号拓印膜，审查提交的证明、凭证，核发机动车登记证书。

机动车登记证书灭失、丢失或者损毁的，机动车所有人应当向登记地车辆管理所申请补领、换领。申请时，机动车所有人应当提交身份证明，属于补领机动车登记证书的，还应当交验机动车。车辆管理所应当自受理之日起1日内，确认机动车，审查提交的证明、凭证，补发、换发机动车登记证书。

机动车号牌、行驶证灭失、丢失或者损毁的，机动车所有人应当向登记地车辆管理所申请补领、换领。申请时，机动车所有人应当提交身份证明。车辆管理所应当审查提交的证明、凭证，收回未灭失、丢失或者损毁的号牌、行驶证，自受理之日起1日内补发、换发行驶证，自受理之日起15日内补发、换发号牌，原机动车号牌号码不变。

补发、换发号牌期间应当核发有效期不超过15日的临时行驶车号牌。

机动车检验合格标志灭失、丢失或者损毁的，机动车所有人应当持行驶证向机动车登记地或者检验合格标志核发地车辆管理所申请补领或者换领。车辆管理所应当自受理之日起1日内补发或者换发。

十、临时行驶车号牌

1. 申领临时行驶车号牌的情形

机动车具有下列情形之一，需要临时上道路行驶的，机动车所有人应当向车辆管理所申领临时行驶车号牌：

1）未销售的。
2）购买、调拨、赠予等方式获得机动车后尚未注册登记的。
3）进行科研、定型试验的。
4）因轴荷、总质量、外廓尺寸超出国家标准不予办理注册登记的特型机动车。

2. 申领临时行驶车号牌的手续

1）机动车所有人的身份证明。
2）机动车交通事故责任强制保险凭证。
3）属于未销售的，因轴荷、总质量、外廓尺寸超出国家标准不予办理注册登记的特型机动车的，还应当提交机动车整车出厂合格证明或者进口机动车进口凭证。
4）属于购买、调拨、赠予等方式获得机动车后尚未注册登记的，还应当提交机动车来历证明，以及机动车整车出厂合格证明或者进口机动车进口凭证。
5）属于进行科研、定型试验的，还应当提交书面申请和机动车安全技术检验合格证明。

3. 申领临时行驶车号牌的流程

车辆管理所应当自受理之日起 1 日内，审查提交的证明、凭证。属于未销售的，购买、调拨、赠予等方式获得机动车后尚未注册登记的，需要在本行政辖区内临时行驶的，核发有效期不超过 15 日的临时行驶车号牌；需要跨行政辖区临时行驶的，核发有效期不超过 30 日的临时行驶车号牌。属于进行科研、定型试验的，或因轴荷、总质量、外廓尺寸超出国家标准不予办理注册登记的特型机动车，核发有效期不超过 90 日的临时行驶车号牌。

因号牌制作的原因，无法在规定时限内核发号牌的，车辆管理所应当核发有效期不超过 15 日的临时行驶车号牌。

对未销售的，购买、调拨、赠予等方式获得机动车后尚未注册登记的，机动车所有人需要多次申领临时行驶车号牌的，车辆管理所核发临时行驶车号牌不得超过 3 次。

2019 年 6 月 1 日起，实行机动车销售企业代发临时行驶车号牌。推进在机动车销售企业设立交通管理服务站，发放临时行驶车号牌，方便群众购车、领取临牌后即可上路行驶。

十一、登记事项变更

机动车所有人发现登记内容有错误的，应当及时要求车辆管理所更正。车辆管理所应当自受理之日起 5 日内予以确认。确属登记错误的，在机动车登记证书上更正相关内容，换发行驶证。需要改变机动车号牌号码的，应当收回号牌、行驶证，确定新的机动车号牌号码，重新核发号牌、行驶证和检验合格标志。

已注册登记的机动车被盗抢的，车辆管理所应当根据刑侦部门提供的情况，在计算机登记系统内记录，停止办理该车的各项登记和业务。被盗抢机动车发还后，车辆管理所应当恢复办理该车的各项登记和业务。机动车在被盗抢期间，发动机号码、车辆识别代号或者车身颜色被改变的，车辆管理所应当凭有关技术鉴定证明办理变更备案。

十二、代理

机动车所有人可以委托代理人代理申请各项机动车登记和业务，但申请补领机动车登记证书的除外。对机动车所有人因死亡、出境、重病、伤残或者不可抗力等原因不能到场申请补领机动车登记证书的，可以凭相关证明委托代理人代理申领。

代理人申请机动车登记和业务时，应当提交代理人的身份证明和机动车所有人的书面委托。

机动车所有人或者代理人申请机动车登记和业务，应当如实向车辆管理所提交规定的材料和反映真实情况，并对其申请材料实质内容的真实性负责。

十三、公安部交管"放管服"改革措施

2018年9月1日，公安部20项交管"放管服"改革措施开始全面推行。"放管服"改革新措施为：申请材料四个减免、18类业务一证即办、普通业务一窗通办、个性服务自助快办、交管服务网上办理、政务信息网上互通、安全教育网上学习、交通事故网上处理、社会服务网点代办、邮政服务网点代办、延伸农村交管服务、推进交通事故快处快赔、实行车辆全国"通检"、推进车检程序优化、便利车辆异地转籍、便利驾驶证省内异地申领、健全监督制度机制、加强智慧监管建设、加强事中事后监管、加强信息系统安全保障等。

小型汽车、货车和中型客车可以跨省异地检验，申请人可以直接在机动车登记地以外的省份直接检验，申领检验合格标志，无需办理委托检验手续。车辆异地转籍将实现档案信息网上转递，试点非营运小微型载客汽车档案电子化网上转递，对试点城市间的转籍车辆，申请人可直接到转入地车管所办理，无需再到迁出地车管所验车、提取纸质档案。对6年内免检车辆，申请人可以跨省异地申领检验标志；6年内免检车辆也可以网上申领免检标志。

原来需申请人提交的身份证明复印件，将由窗口工作人员通过身份证读取设备自动读取，由高拍仪扫描留存电子文件；暂时没有配备相关设备的，由车管所免费复印。原来需要申请人填写的纸质申请表格，转由窗口工作人员采集信息、打印表格，申请人只需签字确认。原来需要申请人自行拓印车辆识别代号，转由车辆管理所、机动车登记服务站等免费拓印。原来需要申请人提交的相关部门的证明凭证，如车辆购置税、车船税、交强险、报废回收证明、医院体检证明等，公安交管部门将积极推进与相关部门联网核验，逐步取消提交纸质证明凭证。

"一证即办"。对车管中的补领机动车行驶证、补领机动车号牌、申领机动车登记证书、补领机动车登记证书、申领免检标志、机动车所有人联系方式变更备案，申请人凭本人居民身份证明一证即办。

"一窗通办"。以前办理车驾管业务，一般需要经过受理、审核、缴费、发证等多个环节和岗位，特别是缴费环节往往需要经由财政部门单设窗口办理，群众需要到不同窗口多次排队、多次往返，程序较为烦琐，耗费时间较长。"一窗通办"将整合业务窗口，实行所有业务窗口可办理全项车驾管业务，变为"一次排队、一次受理、一次办结"。

2019年6月1日起，推行10项交管改革新措施，包括5类业务"异地通办"、5项服务"便捷快办"，全面推行交管服务一证办、一窗办、异地办、就近办、网上办。

2019年9月20日起，公安交管部门又推出6项改革新措施，包括3项便捷快办服务、3项网上交管服务。车辆登记销售企业快捷代办，提供购买车辆、购置保险、选号登记等全流程服务，群众购车后直接选号办牌，当场领取行驶证、车辆登记证书和临时号牌（正式号牌可邮寄），无需前往车管所办理，变多头奔波为在销售企业一站办结；租赁车交通违法处理简捷快办，承租人可以通过"交管12123"App网上查询、自助处理租赁汽车交通违法；对未及时处理的，公安交管部门可将交通违法记录转移到承租驾驶人名下；全面推行驾驶人

审验教育和满分教育网上申请、网上认证、网上学习,提升"两个教育"学习质量和效能等。

小资料

车 船 税

车船税是指根据车辆和船舶种类,按照规定的计税依据和年税额标准计算征收的一种财产税。每年一缴,具体有乘用车、商用车、挂车、其他车辆、摩托车和船舶六大类。

为了方便纳税人,对于除拖拉机、军队武警专用车辆、警用车辆、外交车辆和省级政府规定免税的公交车辆以外的机动车,纳税人如果没有自行在税务机关缴税,可在购买机动车交通事故责任强制保险时按照当地的车船税税额标准计算缴纳车船税。也就是说车船税可以随交强险一起,由保险公司代收代缴。

为促进节约能源,鼓励使用新能源,2018年7月10日国家发布了《关于节能新能源车船享受车船税优惠政策的通知》(财税〔2018〕74号),对节能汽车减半征收车船税,即排量为1.6L以下(含1.6L)、综合工况油耗符合标准的燃用汽油、柴油的乘用车(含非插电式混合动力、双燃料和两用燃料乘用车)减半征收车船税;对新能源车船免征车船税,即符合技术标准的纯电动商用车、插电式(含增程式)混合动力汽车、燃料电池商用车免征车船税。纯电动乘用车和燃料电池乘用车不属于车船税征税范围,对其不征车船税。

车船税属于地方税,因此全国各省(自治区、直辖市)税额不一致,在国家规定标准的范围内有所变化。部分地区的乘用车(核定乘客人数不多于9人)车船税征收额见表3-1。

表3-1 部分地区的乘用车车船税征收额

车辆排量/L	国家标准/(元/年)	北京市/(元/年)	上海市/(元/年)	河北省/(元/年)	四川省/(元/年)	新疆维吾尔自治区/(元/年)	山东省/(元/年)
1.0(含)以下	60~360	250	180	120	180	180	240
1.0~1.6	300~540	350	360	300	300	360	360
1.6~2.0	360~660	400	450	480	360	420	420
2.0~2.5	660~1 200	750	720	840	720	720	900
2.5~3.0	1 200~2 400	1 600	1 500	1 800	1 800	1 500	1 800
3.0~4.0	2 400~3 600	2 900	3 000	3 000	3 000	3 000	3 000
4.0以上	3 600~5 400	4 400	4 500	4 500	4 500	4 500	4 500

第三节 案例分析

一、车辆已出售，原车主不应承担连带责任

【案例】

易某于 2018 年 3 月从朋友陈某处买了辆轿车，用于跑出租。易某在与陈某签了合同付过钱后就将车开走，却没有办理过户手续。同年 4 月，易某开车将王某撞伤，王某便将易某和陈某告上法庭。

原车主陈某是否应当承担连带责任？

【分析】

汽车所有权在陈某将车交付给易某时已经发生了转移。作为买受人的易某对汽车已经具有事实上的支配地位，同时汽车的运行利益也为易某所有，这与风险责任的转移相一致。易某作为实际车主，已将汽车实际占有和使用，其所享有的占有、使用、收益权能是具有直接经济内容的权能。而对于原车主陈某来说，其虽然是登记车主，但因交付汽车后已丧失了对汽车的运行支配和运营利益，汽车实际上已脱离了他的控制范围，也无管理的可能。

因此在易某占有汽车期间发生的交通事故，陈某不应再承担责任。

二、车辆借给无证驾驶人员，应承担连带责任

【案例】

张杨购买了一辆轿车，并办理了注册登记手续。后来，张杨将该车转让给其哥张清，双方签订了车辆转让协议，但未办理变更登记。李某（尚未取得驾驶证）向张清借用汽车后，酒后驾车，撞死行人江某。经交通警察大队认定，李某醉酒驾车，无证驾驶，应负全部责任。附带民事诉讼原告人江某亲属向法院起诉，要求判令李某赔偿原告死亡补偿费等共计人民币 15 万元；张清承担连带赔偿责任；被告人张杨是登记车主，承担垫付责任。

张清是否应承担连带赔偿责任？登记车主张杨是否应承担垫付责任？

【分析】

张清是肇事汽车实际车主，借给无驾驶证的李某使用，以致发生交通事故造成损害，应承担连带赔偿责任。对附带民事诉讼原告人要求张杨承担垫付责任的诉请，因肇事汽车张杨已卖给张清，虽然张杨在汽车转让给张清时未办理车辆过户手续，但不影响该车所有权已转给了张清的事实。故实际车主是张清，张杨已不是实际肇事汽车车主，也不是共同侵权的责任人，依法不应承担连带责任，原告要求张杨承担垫付责任无法律依据。

三、擅自开动他人车辆造成交通事故谁承担责任

【案例】

王某下班后，开车前往农贸批发市场购买食品。到市场后，王某把车停放在停车场，就匆匆忙忙离开了，连汽车钥匙都没拔。批发市场的管理人员池某见王某的车停在两个泊位的

分界线上，一辆车占了两个车位，就走近看车上还有没有人。当发现车门没关好，而且车钥匙还在车上时，池某想：现在停车多，需要车位，干脆我帮他把车停好。池某早年学过一点驾驶技术，但多年不开车，驾驶汽车时很不熟练，也没有驾驶执照。在倒车时，由于没有注意车辆后方的情况，倒车幅度过大，将停在邻近车位的吴某的轿车前照灯撞坏。池某发现出了事，心里不免有些发慌，连忙将车向前开，又不慎撞到了刚刚将车停好，过来找池某交费的贾某，致使贾某的小腿胫股骨骨折。吴某和贾某要求池某赔偿损失，池某认为自己出于好意帮人停车入位，发生的交通事故是王某停车不当造成的，要承担责任也应该由王某承担，和自己没有关系。王某认为自己根本就不知道会发生交通事故，当时没在现场，让自己承担责任，实在冤枉。于是吴某和贾某就将王某、池某和池某所在单位告上了法庭，要求他们对二人造成的财产和人身损失承担民事赔偿责任。

此事故应由谁承担民事赔偿责任？

【分析】

本案的关键问题是擅自开动他人车辆发生交通事故，应承担什么责任。池某不具备机动车驾驶资格，擅自驾驶他人车辆造成交通事故，对交通事故的发生具有过失。王某未履行其作为机动车驾驶人妥善保管车辆的义务，下车后没将车门关好，又未将车钥匙拔下，客观上为池某酿成此次交通事故创造了条件，如果没有这一条件，此次交通事故就不可能发生。王某的过错与此次交通事故有因果关系，也应当承担一定的责任。因此，池某和王某对此次交通事故承担同等责任，王某和池某所在单位对吴某和贾某的损失承担连带赔偿责任。

第四章

汽车检验

第一节 汽车检验类型

一、汽车检验分类

根据汽车检验的目的，汽车检验类型可分为安全技术检验、综合性能检验和与维修有关的汽车检验。

汽车安全技术检验，是指根据《中华人民共和国道路交通安全法》及其实施条例规定，按照机动车国家安全技术标准等要求，对上道路行驶的汽车进行检验检测的活动。

安全技术检验主要对汽车安全性、排放性和动力性（车速）这些项目进行检验。包括汽车申请注册登记时的初次检验、汽车登记后的定期检验、汽车临时检验和汽车特殊检验（包括肇事车辆、改装车辆和报废车辆等技术检验）等。目前其检验标准和检验方法为《机动车运行安全技术条件》（GB 7258—2017）、《机动车安全技术检验项目和方法》（GB 21861—2014）。

GB 7258 是进行注册登记检验和在用机动车检验、机动车查验等机动车运行安全管理及事故车检验最基本的技术标准，同时也是我国机动车新车定型强制性检验、新车出厂检验和进口机动车检验的重要技术依据之一。本标准适用于在我国道路上行驶的所有机动车，但不适用于有轨电车及并非为在道路上行驶和使用而设计和制造、主要用于封闭道路和场所作业施工的轮式专用机械车。

GB 21861 主要适用于机动车安全技术检验机构对机动车进行安全技术检验；也适用于出入境检验检疫机构对入境机动车进行安全技术检验；经批准进行实际道路试验的机动车和临时入境的机动车，可参照本标准进行安全技术检验。本标准不适用于拖拉机运输机组等上道路行驶的拖拉机的安全技术检验。GB 21861 已于 2018 年修订完成，待公布施行。

综合性能检验是指汽车安全性、可靠性、动力性、经济性、排放性及整车装备完整性等主要性能的检验。汽车综合性能检验由交通管理部门负责组织实施。目前其检验标准为《道路运输车辆综合性能要求和检验方法》（GB 18565—2016），适用于申请从事道路运输经营的车辆和正在从事道路运输经营的车辆。

道路运输车辆具有鲜明的特点与特征，其运行强度、运营里程、故障频次远高于普通社会车辆。在各类交通事故中，道路运输车辆是构成重特大道路交通事故的肇事主体，除驾驶人、道路和气候条件等因素外，车辆的机械故障和技术性能不良是重特大道路交通事故的重要成因。有效保持车辆的技术状况、降低安全事故的发生概率、最大限度地遏制重特大事故的发生、降低车辆燃油消耗、减少尾气排放，是在我国道路运输业安全发展、绿色发展和快速发展的新形势下，对道路运输车辆技术管理提出的急迫要求。

为贯彻落实 2017 年 5 月 17 日国务院常务会议精神，推进货车年检（安全技术检验）和年审（综合性能检测）依法合并，有效杜绝重复检验检测，减轻检验检测费用负担，自 2018 年 1 月 1 日起，货车的综检、安检实行统一的检验检测周期，以该车辆的安检周期时间为准，逐步实行"两检合一""一次上线、一次检验、一次收费"。

与维修有关的汽车检验是指确定车辆是否需要大修以实行视情修理，诊断查找故障的确切部位和发生故障的原因，从而确定排除故障方法的一种检验。

二、汽车安全技术检验管理

机动车安全技术检验（定期检验）是指按交通法规和政策规定，定期对已领取正式号牌、行驶证的机动车辆所进行的一次安全技术性能检验，以保证车辆的安全技术性能经常处于良好状态，督促车辆所有人经常维护修理，避免机械故障，确保行车安全。因为车辆在运行过程中，随着行驶里程的增加、使用年限的加长，各系统总成机件的运转和外界运行条件的影响，车辆的技术状况必将逐渐失去原有的良好程度而变坏，以致最后完全丧失其应有的效能而报废。所以，对车辆实行定期检验（年检）的制度，在于督促车主加强对车辆的维护修理，使车辆经常处于完好的技术状态并保持整洁的车容车貌，这对确保车辆行驶的安全和提高交通运输效率，减小环境污染，节约能源有着重要意义。

汽车安全技术检验行为已经由公安机关交通管理部门的一种行政行为转化为由具有第三方公正性的检验机构向社会出具检验检测数据的行为，汽车安全技术检验机构的资格管理和监督职责也主要由质量技术监督部门承担。

2017 年 11 月 30 日，为加快政府职能转变，依法推进简政放权、放管结合、优化服务，根据国务院要求，国家质量监督检验检疫总局对取消行政审批项目等事项涉及的规章进行了清理，决定拟废止《机动车安全技术检验机构监督管理办法》（国家质量监督检验检疫总局令第 121 号）（"拟废止"规章需明确相应监管措施后，再按照程序规定做出废止决定）。废止该管理办法后，将会出台相关制度和要求，将机动车检验检测机构依法纳入计量认证管理，对符合法定条件的机动车检验检测机构及时颁发计量认证证书，将安检机构作为出具公正数据的检验单位，可能按照实验室进行管理。

机动车检验检测机构与公安机关交通管理部门、交通运输管理部门实现数据联网。建立健全机动车检验检测机构信用管理体系，推进联合监督检查制度和违规信息通报机制建设，加强对机动车检验检测机构的监督检查。通过网上巡查、明察暗访、突击抽查等方式，重点抽查检验检测档案，倒查检验检测视频，检查检验检测设备和系统，严格查处违规替检、减少检验检测项目、篡改检验检测数据等违法违规行为。对发现机动车检验检测机构不检验检测即出具检验检测报告、替检代检、篡改伪造检验检测数据、出具虚假检验检测结果等严重违规行为的，要依照道路交通安全法等法律法规查处。对因出具虚假检验检测结果被撤销计量认证的机动车检验检测机构，根据国家质量监督检验检疫总局《检验检测机构资质认定管理办法》（国家质量监督检验检疫总局令第 163 号）3 年内不得再次申请资质认定，并根据《国务院关于建立完善守信联合激励和失信联合惩戒制度加快推进社会诚信建设的指导意见》对其法定代表人、主要负责人等责任人员逐步推动建立黑名单制度，实施行业禁入措施。

三、安全技术检验周期

机动车必须按规定期限接受检验，未按规定检验或检验不合格的不准继续行驶。

机动车年度检验时间是以车辆登记日期（月）作为对应月份的时间进行检验的。如某一辆载货汽车的注册登记日期是2018年5月18日，对应的年度检验日期就是第二年的5月份。

为保障道路交通活动中的公共安全和预防、减少群死群伤道路交通事故的发生，《道路交通安全法实施条例》第16条区别不同情况规定了机动车的安全技术检验周期：

1）营运载客汽车5年以内每年检验1次；超过5年的，每6个月检验1次。

2）载货汽车和大型、中型非营运载客汽车10年以内每年检验1次；超过10年的，每6个月检验1次。

3）小型、微型非营运载客汽车6年以内每2年检验1次；超过6年的，每年检验1次；超过15年的，每6个月检验1次。

4）摩托车4年以内每2年检验1次；超过4年的，每年检验1次。

5）拖拉机和其他机动车每年检验1次。

2014年9月1日起，试行6年以内的非营运轿车和其他小型、微型载客汽车（面包车、7座及7座以上车辆除外）免检制度，在此期间车主每2年提供交强险凭证、车船税纳税或免征证明后，可直接向公安交管部门申领检验标志。

第二节 汽车安全技术检验标准

一、概述

《机动车运行安全技术条件》（GB 7258）是我国机动车国家安全技术标准的重要组成部分，是进行注册登记检验和在用机动车检验、机动车查验等机动车运行安全管理及事故车检验最基本的技术标准，同时也是我国机动车新车定型强制性检验、新车出厂检验和进口机动车检验的重要技术依据之一。

《机动车运行安全技术条件》（GB 7258—2017）于2018年1月1日起实施。下面主要介绍的是汽车检验相关内容。

本标准规定了机动车的整车及主要总成、安全防护装置等有关运行安全的基本技术要求及检验方法。本标准还规定了机动车的环保要求及消防车、救护车、工程救险车和警车的附加要求。

本标准适用于在我国道路上行驶的所有机动车，但不适用于有轨电车及并非为在道路上行驶和使用而设计和制造、主要用于封闭道路和场所作业施工的轮式专用机械车。

有轨电车是指以电动机驱动，架线供电，有轨道承载的道路车辆。

> **小资料**
>
> **轮式专用机械车　专用作业车**
>
> 　　轮式专用机械车是指有特殊结构和专门功能，装有橡胶车轮可以自行行驶，最高设计车速大于20km/h的轮式工程机械，如装载机、平地机、挖掘机、铲车和推土机等，但不包括叉车。
>
> 　　专用作业车是指装置有专用设备或器具，在设计和制造上用于工程专项（包括卫生医疗）作业的汽车。例如：道路清洁车、垃圾车和汽车起重机等。

二、整车

1. 整车标志

1）机动车在车身前部外表面的易见部位上应至少装置一个能永久保持的、与车辆品牌相适应的商标或厂标。

2）机动车应至少装置一个能永久保持的产品标牌，该标牌的固定、位置及形式应符合 GB/T 18411 的规定；如采用标签标示，则标签应符合 GB/T 25978 规定的标签一般性能、防篡改性能及防伪性能要求。改装车应同时具有改装后的整车产品标牌及改装前的整车（或底盘）产品标牌。

机动车均应在产品标牌上标明品牌、整车型号、制造年月、生产厂名及制造国，产品标牌应补充标明的项目见表4-1。产品标牌上标明的内容应规范、清晰耐久且易于识别，项目名称均应有中文名称。

表4-1　汽车产品标牌应补充标明的项目

类　型		应补充标明的项目
汽车①	载客汽车②	车辆识别代号、发动机型号、发动机最大净功率、最大允许总质量（以下简称为"总质量"）和乘坐人数（乘员数）
	载货汽车③	车辆识别代号、发动机型号、发动机最大净功率、总质量（半挂牵引车除外）、整车整备质量（以下简称为"整备质量"）和最大允许牵引质量（无牵引功能的货车除外）
	专项作业车	车辆识别代号、发动机型号、发动机最大净功率、总质量和专用功能主要技术参数

① 非插电式混合动力汽车还应标明电动动力系统最大输出功率；纯电动汽车、插电式混合动力汽车、燃料电池汽车还应标明主驱动电动机的型号和功率，动力蓄电池工作电压和容量（安时数），储氢容器形式、容积和工作压力（燃料电池汽车）；纯电动汽车不标发动机相关信息。
② 乘用车还应标明发动机排量，具备牵引功能时还应标明最大允许牵引质量。
③ 半挂牵引车还应标明牵引座最大设计静载荷。

3）汽车、摩托车、挂车应具有唯一的车辆识别代号，其内容和构成应符合 GB 16735 的规定。应至少有一个车辆识别代号打刻在车架（无车架的机动车为车身主要承载且不能拆卸的部件）能防止锈蚀、磨损的部位上。

乘用车的车辆识别代号应打刻在发动机舱内能防止替换的车辆结构件上，或打刻在车门立柱上，也可打刻在右侧除行李舱外的车辆其他结构件上；对总质量不小于12 000kg的货车、货车底盘改装的专项作业车及所有牵引杆挂车，车辆识别代号应打刻在右前轮纵向中心线前端纵梁外侧，也可打刻在右前轮纵向中心线附近纵梁外侧；对半挂车和中置轴挂车，车辆识别代号应打刻在右前支腿前端纵梁外侧（无纵梁的除外）；其他汽车和无纵梁挂车的车辆识别代号、轮式专用机械车的产品识别代码（或车辆识别代号）应打刻在右侧前部的车辆结构件上，也可打刻在右侧其他车辆结构件上。其他机动车（摩托车除外）应在相应的易见位置打刻整车型号和出厂编号，型号在前，出厂编号在后，在出厂编号的两端应打刻起止标记。

打刻车辆识别代号（或产品识别代码、整车型号和出厂编号）的部件不应采用打磨、挖补、垫片、凿改、重新涂漆等方式处理，从上（前）方观察时打刻区域周边足够大面积的表面不应有任何覆盖物；如有覆盖物，该覆盖物的表面应明确标示"车辆识别代号"或"VIN"字样，且覆盖物在不使用任何专用工具的情况下能直接取下（或揭开）及复原，以方便地观察到足够大的包括打刻区域的表面。

打刻的车辆识别代号（或产品识别代码、整车型号和出厂编号）从上（前）方应易于观察、拓印；对于汽车和挂车还应能拍照。打刻的车辆识别代号的字母和数字的字高应不小于7.0mm、深度应不小于0.3mm（乘用车及总质量不大于3 500kg的封闭式货车深度应不小于0.2 mm），但摩托车字高应不小于5.0mm、深度应不小于0.2mm。打刻的整车型号和出厂编号字高应为10.0 mm，深度应不小于0.3mm。打刻的车辆识别代号（或产品识别代码、整车型号和出厂编号）总长度应不大于200mm，字母和数字的字体和大小应相同（打刻在不同部位的车辆识别代号除外）；打刻的车辆识别代号两端有起止标记的，起止标记与字母、数字的间距应紧密、均匀。

车辆识别代号（或产品识别代码、整车型号和出厂编号）一经打刻不应更改、变动，但按GB 16735的规定重新标示或变更的除外。同一辆机动车的车架（无车架的机动车为车身主要承载且不能拆卸的部件）上，不应既打刻车辆识别代号（或产品识别代码），又打刻整车型号和出厂编号。同一辆车上标识的所有车辆识别代号内容应相同。

4）发动机型号和出厂编号应打刻（或铸出）在气缸体上且应能永久保持，在出厂编号的两端应打刻起止标记（没有打刻起止标记的空间时不打刻）；摩托车应在发动机的易见部位铸出商标或厂标，发动机出厂编号应打刻在曲轴箱易见部位，在出厂编号的两端应打刻起止标记（没有打刻起止标记的空间时不打刻）；若打刻（或铸出）的发动机型号和出厂编号不易见，则应在发动机易见部位增加能永久保持的发动机型号和出厂编号的标志。

纯电动汽车、插电式混合动力汽车、燃料电池汽车和电动摩托车应在驱动电机壳体上打刻电机型号和编号。对除轮边电机、轮毂电机外的其他驱动电机，如打刻的电机型号和编号被覆盖，应留出观察口，或在覆盖件上增加能永久保持的电机型号和编号的标识；增加的标识应易见，且非经破坏性操作不能被完整取下。

> **小资料**
>
> **汽车产品外部标识**
>
> 《汽车产品外部标识管理办法》（国家发改委令2005年第38号）规定，"汽车产品外部标识"是指注册商品商标、生产企业名称、商品产地、车型名称及型号、发动机排量、变速箱型式、驱动形式及反映车辆特征的其他标识。

> 国产汽车在车身前部外表面的易见部位上应当至少装置一个能永久保持的商品商标。国产乘用车、商用车和挂车在车身尾部显著位置（在保险杠之上的后部车身表面）上，应标注汽车生产企业名称、商品商标和车型名称等。
>
> 汽车生产企业名称必须采用中文汉字标注。车长超过4.2m的车型，其汉字高度不得低于25mm；车长不超过4.2m的车型，其汉字高度不得低于20mm。生产企业名称和商品文字商标必须采用同一材料标注。车型名称可以采用中文汉字，也可以采用字母，其文字高度不得低于15mm。
>
> 乘用车和商用车车身的前部和尾部标识中，汽车生产企业名称、商品商标和车型名称等应能永久保持，不得采用油漆喷涂方式和不干胶粘贴方式。"永久保持"是指在产品使用寿命时间内不允许老化和自然脱落。

5）对具有电子控制单元（ECU）的汽车，应至少有一个ECU记载车辆识别代号等特征信息，且记载的特征信息不应被篡改并能被市场上可获取的工具读取。乘用车和总质量不大于3 500kg的货车（低速汽车除外）应在靠近风窗立柱的位置设置能永久保持的车辆识别代号标识；该标识从车外应能清晰地识读，且非经破坏性操作不能被完整取下。

6）除按照标准标示车辆识别代号之外，乘用车还应在行李舱从车外无法观察但打开后能直接观察的合适位置标示车辆识别代号，并至少在5个主要部件上标示车辆识别代号；但如制造厂家使用了能从零部件编号溯及车辆识别代号等车辆唯一性信息的生产管理系统，主要部件上可标示零部件编号。

车辆识别代号或零部件编号应直接打刻或采用能永久保持的标签粘贴在制造厂家规定主要部件的目标区域内，其字码高度应保证内容能清晰确认。

7）除按照标准标示车辆识别代号之外，总质量不小于12 000kg的栏板式、仓栅式、自卸式、罐式货车及总质量不小于10 000kg的栏板式、仓栅式、自卸式、罐式挂车还应在其货箱或常压罐体（或设计和制造上固定在货箱或常压罐体上且用于与车架连接的结构件）上打刻至少两个车辆识别代号。打刻的车辆识别代号应位于货箱（常压罐体）左、右两侧或前端面且易于拍照；且若打刻在货箱（常压罐体）左、右两侧时距货箱（常压罐体）前端面的距离应不大于1 000mm，若打刻在左、右两侧连接结构件时应尽量靠近货箱（常压罐体）前端面。

危险货物运输车辆的标志应符合GB 13392的规定。其中，道路运输爆炸品和剧毒化学品车辆还应符合GB 20300的规定。罐式危险货物运输车辆的罐体或与罐体焊接的支座的右侧应有金属的罐体铭牌，罐体铭牌应标注唯一性编码、罐体设计代码、罐体容积等信息。

8）对机动车进行改装或修理时，不得对车辆识别代号（或整车型号和出厂编号）、发动机型号和出厂编号、零部件编号、产品标牌和发动机标志等整车标志进行遮盖（遮挡）、打磨、挖补、垫片等处理及凿孔、钻孔等破坏性操作，也不应破坏或未经授权修改电子控制单元（ECU）等记载的车辆识别代号。

2. 外廓尺寸

汽车及汽车列车的外廓尺寸应符合GB 1589的规定。

3. 轴荷和质量参数

1）汽车及汽车列车的轴荷和质量参数应符合GB 1589的规定。

2）机动车在空载和满载状态下，整备质量和总质量应在各轴之间合理分配，轴荷应在左右车轮之间均衡分配。

4. 核载

（1）质量参数核定

① 机动车最大允许总质量依据发动机功率、最大设计轴荷、轮胎的承载能力及正式批准的技术文件进行核算后，从中取最小值核定。

② 机动车在空载和满载状态下，转向轴轴荷（或转向轮轮荷）分别与该车整备质量和总质量的比值应不小于：乘用车30%；三轮汽车18%；其他机动车20%。

③ 铰接列车应在空载和满载状态下对牵引车部分进行核算，铰接客车和铰接式无轨电车应在空载和满载状态下对前车进行核算。

④ 清障车在托牵状态下，转向轴轴荷应不小于总质量的15%。

⑤ 货车列车的挂车最大允许装载质量应不大于货车的最大允许装载质量。

⑥ 铰接列车的半挂车的总质量应不大于半挂牵引车的最大允许牵引质量。

（2）乘用车乘坐人数核定

① 前排座位按乘客舱内部宽度（系指驾驶人两侧门窗下缘间的距离，并应在车门后支柱内侧量取）不小于1 200mm时核定2人，不小于1 650mm时核定3人，但每名前排乘员的坐垫宽和坐垫深均应不小于400mm，且不得作为学生座位核定乘坐人数。

② 除前排座位外的其他排座位，在能保证与前一排座位的间距不小于600mm且坐垫深度不小于400mm（第二排以后的可折叠座椅⊖座间距⊜不小于570mm且坐垫深度不小于350mm）时，按坐垫宽度每400mm核定1人。但作为学生座位使用时，对幼儿校车按每280mm核定1人，对小学生校车按每350mm核定1人，对中小学生校车按380mm核定1人。单人座椅坐垫宽不小于400mm时核定1人。

学生座位（椅）是指幼儿校车上专门供幼儿乘坐的座位（椅）、小学生校车上专门供小学生乘坐的座位（椅）及中小学生校车上专门供义务教育阶段学生使用的座位（椅）。

③ 旅居车的核定乘员数应不大于9人。

④ 车长不小于6m的乘用车设置的侧向座椅不核定乘坐人数。

（3）客车乘员数核定

① 按乘员质量核定：按GB/T 12428确定。

② 按坐垫宽和站立乘客有效面积核定：长条座椅（指坐垫靠背均为条形的供两人或多人乘坐的座椅）按坐垫宽每400mm核定1人，但作为学生座位使用时，对幼儿校车按每280mm（对幼儿专用校车按每330mm）核定1人，对小学生校车按每350mm核定1人，对中小学生校车按380mm核定1人；单人座椅坐垫宽不小于400mm（对学生座椅为380mm）时核定1人。设有乘客站立区的公共汽车，按GB/T 12428确定的站立乘客有效面积计算，

⊖ 可折叠座椅是指靠背、坐垫铰接且折叠在一起后能完全收起的座椅。

⊜ 座间距应在通过（单人）座椅中心线的垂直平面内，在座垫上表面最高点所处平面与地板上方620mm高度范围内水平测量。测量时，座椅坐垫和靠背均不应被压陷；驾驶人座椅应处于滑轨中间位置（可取最前和最后两个位置测量值的平均值），其他可调节座椅的前后位置可根据需要调整以使相关座椅的座间距均能满足要求；靠背角度可调式座椅的靠背角度及座椅其他调整量应处于制造厂规定的正常使用位置。

每 0.125m² 核定站立乘客 1 人；双层客车的上层及其他客车不核定站立人数。未设置乘客站立区的客车的核定乘员数应不大于 56 人，其中二轴卧铺客车的核定乘员数应不大于 36 人，三轴卧铺客车的核定乘员数应不大于 40 人。

③ 按卧铺铺位核定：卧铺客车的每个铺位核定 1 人，驾驶人座椅核定 1 人，乘客座椅（包括车组人员座椅）不核定乘坐人数。

④ 可折叠的单人座椅及驾驶人座椅 R 点所处的横向垂直平面之前的座椅不得作为学生座位（椅）核定人数。

⑤ 幼儿校车的核定乘员数应不大于 45 人，其他校车的核定乘员数应不大于 56 人。

（4）有驾驶室机动车的驾驶室乘坐人数核定

① 驾驶室内只有一排座位或双排座位中的前排座位，按驾驶室内部宽度（系指驾驶室门窗下缘间的距离，并在车门后支柱内侧量取）核定，不小于 1 200mm 时核定 2 人，不小于 1 650mm 时核定 3 人。

② 驾驶室内双排座椅中的后排座椅，按坐垫中间位置测量的车身内部宽度核定，在能保证与前排座椅的间距不小于 650mm 且坐垫深度不小于 400mm 时，每 400mm 核定 1 人。

③ 对带卧铺的货车，其卧铺铺位均不核定乘坐人数。

④ 对有驾驶室的拖拉机运输机组和三轮汽车，除驾驶人外可再核定乘坐 1 名副驾驶人，但其坐垫宽不应小于 400mm，座椅深不应小于 400mm，且座椅不应增加拖拉机运输机组或三轮汽车的外廓尺寸；不具备上述条件时，只允许乘坐驾驶人 1 人。

⑤ 货车驾驶室乘坐人数不允许超过 6 人。

5. 比功率⊖

低速汽车及拖拉机运输机组的比功率应不小于 4.0kW/t，除无轨电车、纯电动汽车外的其他机动车的比功率应不小于 5.0kW/t。

6. 侧倾稳定角及驻车稳定角

按 GB/T 14172 规定的方法测试。

7. 图形和文字标志

1）汽车（三轮汽车和装用单缸柴油机的低速货车除外）应按照 GB 4094 和 GB 15365 的规定设置操纵件、指示器及信号装置的图形标志。

2）三轮汽车和装用单缸柴油机的低速货车的变速杆、手柄和开关等操纵机构，除作用非常明确的，应在操纵机构上或其附近用耐久性标志明确标明其功能和操作方向等。标志用操作符号应与背景有明显的色差。

3）机动车的警告性文字均应有中文标注。

4）旅居车和旅居挂车旅居室内的专用装备设施应明示相应的安全使用规定。

5）低速汽车和拖拉机运输机组应对需要提醒人们注意的安全事项设置相应的安全标志。安全标志应符合 GB 10396 的规定。

6）所有货车（多用途货车除外）和专项作业车（消防车除外）均应在驾驶室（区）

⊖ 比功率为发动机最大净功率（或 0.9 倍的发动机额定功率，或 0.9 倍的发动机标定功率）与机动车最大允许总质量之比。

两侧喷涂总质量（半挂牵引车为最大允许牵引质量）；其中，栏板货车和自卸车还应在驾驶室两侧喷涂栏板高度，罐式汽车和罐式挂车（罐式危险货物运输车辆除外）还应在罐体两侧喷涂罐体容积及允许装运货物的种类。

栏板挂车应在车厢两侧喷涂栏板高度。冷藏车还应在外部两侧易见部位上喷涂或粘贴明显的"冷藏车"字样和冷藏车类别的英文字母。喷涂的中文及阿拉伯数字应清晰，高度应不小于80mm。

7）总质量不小于4 500kg的货车（半挂牵引车除外）和货车底盘改装的专项作业车（消防车除外）、总质量大于3 500kg的挂车，以及车长不小于6m的客车均应在车厢后部喷涂或粘贴/放置放大的号牌号码，总质量不小于12 000kg的自卸车还应在车厢左右两侧喷涂放大的号牌号码。车厢左右两侧喷涂有放大的号牌号码的，视为满足要求。放大的号牌号码字样应清晰。

最大设计车速小于70km/h的汽车（低速汽车、设有乘客站立区的客车除外）应在车身后部喷涂/粘贴表示最大设计车速（单位：km/h）的阿拉伯数字；阿拉伯数字的高度应不小于200mm，外围应用尺寸相匹配的红色圆圈包围。

8）所有客车（专用校车和设有乘客站立区的客车除外）及发动机中置且宽高比不大于0.9的乘用车应在乘客门附近车身外部易见位置，用高度不小于100mm的中文及阿拉伯数字标明该车提供给乘员（包括驾驶人）的座位数。具有车底行李舱的客车，应在行李舱打开后前部易见位置设置能永久保持的、标有所有行李舱可运载的最大行李总质量的标识。

9）专用校车车身外观标识应符合GB 24315的规定。校车运送学生时，应在前风窗玻璃右下角和后风窗玻璃适当位置各放置一块可以从车外清楚识别的校车标牌；但专门用于接送学生上下学的非专用校车，车身外观标识还应符合专用校车相关规定。

非专用校车是指除专用校车外的其他校车。

10）气体燃料汽车、两用燃料汽车和双燃料汽车应按GB/T 17676的规定标注其使用的气体燃料类型。

11）教练车应在车身两侧及后部喷涂高度不小于100mm的"教练车"等字样。

12）警车、消防车、救护车和工程救险车以外的机动车，不得喷涂和安装与警车、消防车、救护车和工程救险车相同或相类似的标志图案和灯具。

8. 外观

1）机动车各零部件应完好，连接紧固，无缺损。

2）车体应周正，车体外缘左右对称部位高度差不允许大于40mm。

9. 漏水检查

在发动机运转及停车时，散热器、水泵、缸体、缸盖、暖风装置及所有连接部位均不应有渗漏现象。

10. 漏油检查

机动车连续行驶距离不小于10km，停车5min后观察，不应有漏油现象。

11. 车速表指示误差（最高设计车速不大于40km/h的机动车除外）

车速表指示车速 v_1（单位：km/h）与实际车速 v_2（单位：km/h）之间应符合下列关系式：

$$0 \leqslant v_1 - v_2 \leqslant v_2/10 + 4$$

12. 行驶轨迹

汽车列车和轮式拖拉机运输机组在平坦、干燥的路面上以30km/h的速度直线行驶时，挂车后轴中心相对于牵引车前轴中心的最大摆动幅度，铰接列车、乘用车列车和中置轴挂车列车应不大于110mm，牵引杆挂车列车和轮式拖拉机运输机组应不大于220mm。

13. 驾驶人耳旁噪声要求

汽车（纯电动汽车、燃料电池汽车和低速汽车除外）驾驶人耳旁噪声声级应不大于90dB（A）。

> **小资料**
>
> **低 速 汽 车**
>
> 低速汽车是三轮汽车和低速货车的总称。
>
> 三轮汽车（原三轮农用运输车）指最大设计车速不大于50km/h的，具有三个车轮的货车。
>
> 低速货车（原四轮农用运输车）指最大设计车速不大于70km/h的，具有四个车轮的货车。

14. 环保要求

机动车的污染物排放及噪声控制应符合国家环保标准的规定。

15. 产品使用说明书

1）机动车的产品使用说明书应用文字标明与车型（整车型号）相一致的结构参数和技术特征，必要时还应用图案辅助说明。

2）汽车的产品使用说明书应对其前风窗玻璃处微波窗口的具体位置，以及装备的安全装置的功能、用法和注意事项等加以说明；装备有安全气囊的汽车，还应在产品使用说明书中明确安全气囊的位置、展开的条件和情形。

3）具有电子控制单元（ECU）或电子数据接口的汽车，应在产品使用说明书中说明从ECU中读取车辆识别代号信息的方法。

4）配备了事件数据记录系统（EDR）的汽车，其产品使用说明书应有"本车配备了事件数据记录系统（EDR）。"等内容的声明；对EDR所记录数据项的含义及可能的用途加以说明；对EDR数据读取工具的获取途径加以说明。

5）乘用车、旅居车的产品使用说明书应对适合安装的儿童座椅的类型及固定方法加以说明。

6）具备牵引功能的乘用车，应在其产品使用说明书中对以下事项加以说明：最大允许牵引质量；配备的电连接接头对应的国家标准或国际标准号，及各接线的功能；配备的连接球头对应的国家标准或国际标准号；附加后视镜及支架的安装位置；允许牵引的中置轴挂车的尺寸限值；乘用车与中置轴挂车的制动系统连接要求及安装和操作说明；乘用车列车的驾驶人员要求；乘用车列车在行驶中的注意事项。

7）旅居挂车的产品使用说明书应注明连接装置对应的国家标准或国际标准号，并明示车辆行驶过程中旅居室内不得载人。

8）纯电动汽车、燃料电池汽车、混合动力汽车的产品说明书中，应注明操作安全和故障防护特殊要求。

9）专项作业车（包括装备有专用仪器或设备的汽车）的产品使用说明书应注明其装备的专用设备或器具的类型、规格、专用功能关键技术参数和专项作业的特殊说明。

10）三轮汽车的产品使用说明书应明示所有操纵机构的操作说明。

11）轮式专用机械车、特型机动车的产品使用说明书应明示其制造时所执行的相关国家标准和/或行业标准的标准顺序号和年号。

12）机动车的产品使用说明书的所有文字性内容均应有中文。

16. 其他要求

1）专项作业车和轮式专用机械车的特殊结构和专用装置不应影响机动车的安全运行；专项作业车及其他装备有专用仪器或设备的汽车，装备的专用仪器和设备应固定可靠。

2）轮式专用机械车的外廓尺寸、轴荷及质量参数、转向系、制动系、外部照明和信号装置及电气设备、车身、安全防护装置等要求按土方机械相关强制性标准实施。

3）车长大于11m的公路客车和旅游客车应装备符合标准规定的车道保持辅助系统和自动紧急制动系统。

4）车高不小于3.7m的未设置乘客站立区的客车应装备电子稳定性控制系统，以保证对车辆的防侧翻控制。

5）车辆运输车应符合GB/T 26774的规定。

6）插电式混合动力汽车的纯电动续驶里程应不小于50km。

7）在用的货车、货车底盘改装的专项作业车、挂车，其货厢（罐体）结构及尺寸、钢板弹簧片数及形式、轮胎规格等技术参数和结构特征应与注册登记时一致，整车整备质量、货厢内部尺寸、外廓尺寸（长、宽、高）等主要技术参数应与注册登记时记载的技术参数保持在合理的偏差范围。

三、发动机和驱动电机

1）发动机应能起动，怠速稳定，机油压力和温度正常。发动机功率应不小于标牌（或产品使用说明书）标明的发动机功率的75%。

2）柴油机停机装置应有效。

3）发动机起动、燃料供给、润滑、冷却和进排气等系统的机件应齐全。

4）纯电动汽车的电机系统应运转平稳。

四、转向系统

1）汽车（三轮汽车除外）的转向盘应设置于左侧，其他机动车的转向盘不应设置于右侧；专项作业车、教练车按需要可设置左右两个转向盘。

2）机动车的转向盘（或转向把）应转动灵活，无卡滞现象。机动车应设置转向限位装置。转向系统在任何操作位置上，不应与其他部件有干涉现象。

3）机动车（摩托车、三轮汽车、手扶拖拉机运输机组除外）正常行驶时，转向轮转向后应有一定的回正能力（允许有残余角），以使机动车具有稳定的直线行驶能力。

4）机动车转向盘的最大自由转动量。

① 最大设计车速不小于100km/h的机动车应不大于15°。

② 三轮汽车应不大于35°。

③ 其他机动车应不大于25°。

5）汽车（三轮汽车除外）应具有适度的不足转向特性。

6）机动车在平坦、硬实、干燥和清洁的道路上行驶不应跑偏，其转向盘（或转向把）不应有摆振等异常现象。

7）机动车在平坦、硬实、干燥和清洁的水泥或沥青道路上行驶，以 10km/h 的速度在 5s 之内沿螺旋线从直线行驶过渡到外圆直径为 25m 的车辆通道圆行驶，施加于转向盘外缘的最大切向力应不大于 245N。

8）专用校车应采用转向助力装置；其他机动车转向轴最大设计轴荷大于 4 000kg 时，也应采用转向助力装置。装有转向助力装置的机动车，转向时其转向助力功能不应出现时有时无的现象，且转向助力装置失效时仍应具有用转向盘控制机动车的能力。

9）汽车（三轮汽车除外）的车轮定位应与该车型的技术要求一致。对前轴采用非独立悬架的汽车（前轴采用双转向轴时除外），其转向轮的横向侧滑量，用侧滑台检验时侧滑量值应不大于 5m/km。

10）转向节及臂，转向横、直拉杆及球销应连接可靠，且不应有裂纹和损伤，并且转向球销不应松旷。对机动车进行改装或修理时，横、直拉杆不应拼焊。

> **小资料**
>
> **商用车　客车　货车**
>
> 商用车指的是除乘用车以外，主要用于运载人员、货物及牵引挂车的汽车；所有的商用车又可分为客车和货车两大类。
>
> 客车指在其设计和制造上主要用于载运乘客及其随身行李的汽车，包括驾驶人座位在内座位数超过 9 个。
>
> 货车是指在设计和制造上主要用于载运货物或牵引挂车的汽车，包括装置有专用设备或器具但以载运货物为主要目的的汽车。

五、制动系统

1. 基本要求

1）机动车应设置足以使其减速、停车和驻车的制动系统或装置，且行车制动的控制装置与驻车制动的控制装置应相互独立。

2）制动系统的机构和装置应经久耐用，不得因振动或冲击而损坏。

3）制动踏板（包括教练车的副制动踏板）及其支架、制动主缸及其活塞、制动总阀、制动气室、轮缸及其活塞、制动臂及凸轮轴总成之间的连接杆件等零部件应易于维修。

4）制动系统的各种杆件不得与其他部件在相对位移中发生干涉、摩擦，以防杆件变形、损坏。

5）制动管路应为专用的耐腐蚀的高压管路。它们的安装应保证具有良好的连续功能、足够的长度和柔性，以适应与之相连接的零件所需要的正常运动，而不致造成损坏；制动管路应有适当的安全防护，以避免擦伤、缠绕或其他机械损伤，同时应避免安装在可能与机动车排气管或任何高温源接触的地方。制动软管不应与其他部件发生干涉且不应有老化、开裂、被压扁、鼓包等现象。其他气动装置在出现故障时不应影响制动系统的正常工作。

6）汽车制动完全释放时间（从松开制动踏板到制动消除所需要的时间）对两轴汽车应

不大于0.80s，对三轴及三轴以上汽车应不大于1.2s。

7）机动车在运行过程中不得有自行制动现象，但属于设计和制造上为保证车辆安全运行的除外。当挂车（由轮式拖拉机牵引的装载质量3 000kg以下的挂车除外）与牵引车意外脱离后，挂车应能自行制动，牵引车的制动仍应有效。

2. 行车制动

1）机动车（总质量不大于750kg的挂车除外）应具有完好的行车制动系统，其中汽车（三轮汽车除外）的行车制动应采用双回路或多回路。

2）行车制动应保证驾驶人在行车过程中能控制机动车安全、有效地减速和停车。行车制动应是可控制的，除残疾人专用汽车外，应保证驾驶人在其座位上双手无须离开转向盘（或转向把）就能实现制动。

3）行车制动应作用在机动车（三轮汽车、拖拉机运输机组及总质量不大于750kg的挂车除外）的所有车轮上。

4）行车制动的制动力应在各轴之间合理分配。

5）机动车（边三轮摩托车除外）行车制动的制动力应在同一车轴左右轮之间相对机动车纵向中心平面合理分配。

6）汽车（三轮汽车除外）、摩托车（边三轮摩托车除外）、挂车（总质量不大于750kg的挂车除外）的所有车轮应装备制动器。其中，所有专用校车和危险货物运输车的前轮及车长大于9m的其他客车的前轮应装备盘式制动器。

7）制动器应有磨损补偿装置。制动器磨损后，制动间隙应易于通过手动或自动调节装置来补偿。制动控制装置及其部件以及制动器总成应具备一定的储备行程，当制动器发热或制动衬片的磨损达到一定程度时，在不必立即作调整的情况下，仍应保持有效的制动。

8）制动踏板的自由行程应与该车型的技术要求一致。

9）行车制动在产生最大制动效能时的踏板力或手握力应符合以下要求。

① 乘用车和正三轮摩托车应不大于500N。

② 摩托车（正三轮摩托车除外）应不大于350N（踏板力）或250N（手握力）。

③ 其他机动车应不大于700N。

10）采用气压制动的汽车，按照GB 12676规定的方法进行测试时，从踩下制动踏板到最不利的制动气室响应时间（A）应不大于0.6s，且对具有牵引功能的汽车从踩下制动踏板到主挂间气压控制管路接头延长管路末端的响应时间（B）还应不大于0.4s；采用气压制动的挂车，按照GB 12676规定的方法进行测试时，从主挂间气压控制管路接头处到最不利的制动气室响应时间（C）应不大于0.4s。A、B、C的数值（取值到0.01s，精确到0.05s）应在产品标牌（或车辆易见部位上设置的其他能永久保持的标识）上清晰标示。

11）所有汽车（三轮汽车、五轴及五轴以上专项作业车除外）及总质量大于3 500kg的挂车应装备符合规定的防抱死制动装置。总质量不小于12 000kg的危险货物运输货车还应装备电控制动系统（EBS）。

教练车（三轮汽车除外）及自学用车（轿车）的行车制动应装备有副制动装置。副制动装置应安装牢固、动作可靠，保证教练员在行车过程中能有效地控制机动车减速和停车。

3. 应急制动和剩余制动性能

1）汽车（三轮汽车除外）应具有应急制动功能。

2）应急制动应保证在行车制动只有一处失效的情况下，在规定的距离内将汽车停住。

3）应急制动应是可控制的，其布置应使驾驶人容易操作，驾驶人在座位上至少用一只手握住转向盘的情况下（对乘用车为双手不离开转向盘的情况下），就可以实现制动。它的控制装置可以与行车制动的控制装置结合，也可以与驻车制动的控制装置结合。

4）采用助力制动系统的行车制动系统，当助力装置失效后，仍应能保持规定的应急制动性能。

5）客车、货车和货车底盘改装的专项作业车，当行车制动传输装置部分失效时，仍应具有符合 GB 12676 规定的剩余制动性能。

4. 驻车制动

1）驻车制动应能使机动车即使在没有驾驶人的情况下，也能停在上、下坡道上，并应能保证驾驶人必须在座位上就可以实现。对于汽车列车和轮式拖拉机运输机组，若挂车与牵引车脱离，挂车（由轮式拖拉机牵引的装载质量 3 000kg 以下的挂车除外）应能产生驻车制动。挂车的驻车制动装置应能够由站在地面上的人实施操纵。

2）驻车制动应通过纯机械装置把工作部件锁止，并且驾驶人施加于操纵装置上的力：手操纵时，乘用车不应大于 400N，其他机动车不应大于 600N；脚操纵时，乘用车不应大于 500N，其他机动车不应大于 700N。

3）驻车制动操纵装置的安装位置应适当，其操纵装置应有足够的储备行程（开关类操作装置除外），一般应在操纵装置全行程的 2/3 以内产生规定的制动效能；驻车制动机构装有自动调节装置时允许在全行程的 3/4 以内达到规定的制动效能。棘轮式制动操纵装置应保证在达到规定驻车制动效能时，操纵杆往复拉动的次数不允许超过 3 次。

4）采用弹簧储能制动装置做驻车制动时，应保证在失效状态下能快速解除驻车状态；如需使用专用工具，这种工具应作为随车工具。

5. 辅助制动

车长大于 9m 的客车（对专用校车为车长大于 8m）、总质量不小于 12 000kg 的货车和专项作业车、总质量大于 3 500kg 的危险货物运输货车，应装备缓速器或其他辅助制动装置。辅助制动装置的性能要求应使汽车能通过 GB 12676 规定的 ⅡA 型试验。

6. 液压制动的特殊要求

1）采用液压制动的机动车，制动管路不应存在渗漏（包括外泄和内泄）现象，在保持踏板力为 700N（摩托车为 350N）达到 1min 时，踏板不得有缓慢向前移动的现象。

2）液压行车制动在达到规定的制动效能时，踏板行程应不大于踏板全行程的 3/4，制动器装有自动调整间隙装置的机动车踏板行程应不大于踏板全行程的 4/5，且乘用车应不大于 120mm，其他机动车应不大于 150mm。

踏板全行程是指在无制动液状态下制动踏板从完全释放状态到不能踩动的行程。

3）液压行车制动系统不得因制动液对制动管路的腐蚀或由于发动机及其他热源的作用形成气阻而影响行车制动系统的功能。

7. 气压制动的特殊要求

1）采用气压制动的机动车，在气压升至 750kPa（或能达到的最大行车制动管路压力，两者取小的值）且不使用制动的情况下，停止空气压缩机工作 3min 后，其气压的降低值应不大于 10kPa。在气压为 750kPa（或能达到的最大行车制动管路压力，两者取小的值）的情况下,停止空气压缩机工作,将制动踏板踩到底,待气压稳定后观察3min,气压降低值对汽车应不大于20kPa,对汽车列车、铰接客车及铰接式无轨电车、轮式拖拉机运输机组应不大于30kPa。

2)采用气压制动的机动车,发动机在75%的额定转速下,4min(汽车列车为6min,铰接客车和铰接式无轨电车为8min)内气压表的指示气压应从零开始升至起步气压。

起步气压是指车辆制造厂家标明的车辆(起步后)能够满足正常(制动)工作要求的储气筒最小压力。

3)气压制动系统应装有限压装置,以确保储气筒内气压不超过允许的最高气压。

4)气压制动系统应安装保持压缩空气干燥、油水分离的装置。

8. 储气筒

1)装备储气筒或真空罐的机动车应采用单向阀或相应的保护装置,以保证在筒(罐)与压缩空气(真空源)连接失效或漏损的情况下,筒(罐)内的压缩空气(真空度)不致全部丧失。

2)储气筒的容量应保证在调压阀调定的最高气压下,且在不继续充气的情况下,机动车在连续5次踩到底的全行程制动后,气压不低于起步气压。

3)储气筒应有排污阀。

4)车长大于9m的客车、总质量不小于12 000kg的货车和货车底盘改装的专项作业车,采用气压制动时,储气筒的额定工作气压应不小于850kPa,且装备有空气悬架或盘式制动器时还应不小于1 000kPa。

 小资料

纯电动汽车

纯电动汽车是由电机驱动,且驱动电能来源于车载可充电能量储存系统(REESS)的汽车。

9. 制动报警装置

1)采用液压制动的机动车,其储液器的加注口必须易于接近,在结构设计上必须保证在不打开容器的条件下就能很容易地检查液面。若不能满足此条件,则必须安装制动液面过低报警装置。

2)采用液压制动的汽车(三轮汽车和装用单缸柴油机的低速货车除外),如液压传能装置任一部件失效,应通过红色报警信号灯警示驾驶人。只要失效继续存在且点火开关处在开(运行)的位置,该信号灯应保持发亮。报警信号灯即使在白天也应很醒目,驾驶人在其座位上应能很容易地观察报警信号灯工作是否正常。报警装置的失效不应导致制动系统完全丧失制动效能。

3)采用气压制动的机动车,当制动系统的气压低于起步气压时,报警装置应能连续向驾驶人发出容易听到或看到的报警信号。

4)安装具有防抱死制动装置的汽车,当防抱死制动装置失效时,报警装置应能连续向驾驶人发出容易听到或看到的报警信号。

10. 路试检验制动性能

机动车行车制动性能和应急制动性能检验,应在平坦、硬实、清洁、干燥且轮胎与地面间的附着系数不小于0.7的水泥或沥青路面上进行。

检验时发动机应与传动系统脱开,但对于采用自动变速器的机动车,其变速器换档装置应位于前进档("D"档)。

1) 行车制动性能检验。

① 用制动距离检验行车制动性能。机动车在规定的初速度下的制动距离和制动稳定性要求应符合表4-2中的规定。对空载检验的制动距离有质疑时,可用表4-2规定的满载检验制动距离要求进行检验。

表4-2 机动车制动距离和制动稳定性要求

机动车类型	制动初速度/(km/h)	满载检验制动距离要求/m	空载检验制动距离要求/m	试验通道宽度/m
三轮汽车	20	≤5.0		2.5
乘用车	50	≤20.0	≤19.0	2.5
总质量不大于3 500kg的低速货车	30	≤9.0	≤8.0	2.5
其他总质量不大于3 500kg的汽车	50	≤22.0	≤21.0	2.5
铰接客车、铰接式无轨电车、汽车列车(乘用车列车除外)	30	≤10.5	≤9.5	3.0
其他汽车、乘用车列车	30	≤10.0	≤9.0	3.0

制动距离是指机动车在规定的初速度下急踩制动踏板时,从脚接触制动踏板(或手触动制动手柄)时起至机动车停住时止机动车驶过的距离。

制动稳定性要求是指制动过程中机动车的任何部位(不计入车宽的部位除外)不允许超出规定宽度的试验通道的边缘线。

② 用充分发出的平均减速度检验行车制动性能。汽车、汽车列车在规定的初速度下,急踩制动踏板时充分发出的平均减速度及制动稳定性要求应符合表4-3中的规定,且在制动协调时间上,液压制动的汽车不应大于0.35s;气压制动的汽车不应大于0.60s;汽车列车、铰接客车和铰接式无轨电车不应大于0.80s。对空载检验的充分发出的平均减速度有质疑时,可用表4-3规定的满载检验充分发出的平均减速度进行检验。

表4-3 制动减速度和制动稳定性要求

机动车类型	制动初速度/(km/h)	满载检验充分发出的平均减速度/(m/s²)	空载检验充分发出的平均减速度/(m/s²)	试验通道宽度/m
三轮汽车	20	≥3.8		2.5
乘用车	50	≥5.9	≥6.2	2.5
总质量不大于3 500kg的低速货车	30	≥5.2	≥5.6	2.5
其他总质量不大于3 500kg的汽车	50	≥5.4	≥5.8	2.5
铰接客车、铰接式无轨电车、汽车列车(乘用车列车除外)	30	≥4.5	≥5.0	3.0
其他汽车、乘用车列车	30	≥5.0	≥5.4	3.0

充分发出的平均减速度 $MFDD$ 的计算公式:

$$MFDD = \frac{v_b^2 - v_e^2}{25.92(s_e - s_b)}$$

式中　　$MFDD$——充分发出的平均减速度，单位为 m/s²；

v_o——试验车制动初速度，单位为 km/h；

v_b——试验车速，单位为 km/h，其值为 0.8 倍的试验车制动初速度；

v_e——试验车速，单位为 km/h，其值为 0.1 倍的试验车制动初速度；

s_b——试验车速从制动初速度到 v_b 之间车辆行驶的距离，单位为 m；

s_e——试验车速从制动初速度到 v_e 之间车辆行驶的距离，单位为 m。

制动协调时间是指在急踩制动时，从脚接触制动踏板（或手触动制动手柄）时起至机动车减速度（或制动力）达到表 4-3 规定的机动车充分发出的平均减速度的 75% 时所需的时间。

③ 进行制动性能检验时的制动踏板力或制动气压应符合以下要求：

a）满载检验时。

气压制动系统：气压表的指示气压≤额定工作气压。

液压制动系统：乘用车踏板力≤500N；

其他机动车踏板力≤700N。

b）空载检验时。

气压制动系统：气压表的指示气压≤750kPa。

液压制动系统：乘用车踏板力≤400N；

其他机动车踏板力≤450N。

④ 汽车、汽车列车在符合③规定的制动踏板力或制动气压下的路试行车制动性能，若符合①或②，即为合格。

2）驻车制动性能检验。在空载状态下，驻车制动装置应能保证机动车在坡度为 20%（对总质量为整备质量的 1.2 倍以下的机动车为 15%），轮胎与路面间的附着系数不小于 0.7 的坡道上，正、反两个方向保持固定不动的时间不应少于 2min。检验汽车列车时，应使牵引车和挂车的驻车制动装置均起作用。

在规定的测试状态下，机动车使用驻车制动装置能停在坡度值更大且附着力符合要求的试验坡道上时，应视为达到了驻车制动性能检验规定的要求。

在不具备试验坡道的情况下，在用车可参照相关标准使用符合规定的仪器测试驻车制动性能。

小资料

牵 引 车

牵引车是指车头和车厢之间是用工具牵引的（也就是该车车头可以脱离原来的车厢而牵引其他的车厢，而车厢也可以脱离原车头被其他的车头所牵引）的大型货车（半挂车）。

前面有驱动能力的车头叫牵引车，后面没有牵引驱动能力的车叫挂车，挂车是被牵引车拖着走的。挂车的前面一半搭在牵引车后段上面的牵引鞍座上，牵引车后桥承受挂车的一部分重量，这就是半挂牵引车；挂车的前端连在牵引车的后端，牵引车只提供向前的拉力，拖着挂车走，但不承受挂车向下的重量，这就是全挂牵引车。

11. 台试检验制动性能

1）行车制动性能检验。

① 汽车、汽车列车在制动检验台上测出的制动力应符合表4-4的要求。对空载检验制动力有质疑时，可用表4-4规定的满载检验制动力要求进行检验。使用转鼓试验台检测时，可通过测得制动减速度值计算得到最大制动力。

表4-4 台试检验制动力要求

机动车类型	制动力总和与整车重量的百分比（%）		轴制动力与轴荷的百分比（%）	
	空载	满载	前轴	后轴
三轮汽车	—	—	—	≥60
乘用车、其他总质量不大于3 500kg的货车	≥60	≥50	≥60	≥20
铰接客车、铰接式无轨电车、汽车列车	≥55	≥45	—	—
其他汽车	≥60	≥50	≥60	≥50

② 制动力平衡要求。在制动力增长全过程中同时测得的左右轮制动力差的最大值，与全过程中测得的该轴左右轮最大制动力中大者（当后轴制动力小于该轴轴荷的60%时为与该轴轴荷）之比，对新注册车和在用车应分别符合表4-5的要求。

表4-5 台试检验制动力平衡要求

	前轴（%）	后轴（及其他轴）（%）	
		轴制动力大于等于该轴轴荷60%时	制动力小于该轴轴荷60%时
新注册车	≤20	≤24	≤8
在用车	≤24	≤30	≤10

③ 制动协调时间要求。汽车的制动协调时间，对液压制动的汽车应不大于0.35s，对气压制动的汽车应不大于0.60s；铰接客车、铰接式无轨电车的制动协调时间应不大于0.80s。

④ 汽车车轮阻滞力要求。在进行制动力检验时，各车轮的阻滞力均应不大于轮荷的10%。

2）驻车制动性能检验。当采用制动检验台检验汽车驻车制动装置的制动力时，机动车空载，使用驻车制动装置，驻车制动力的总和应不小于该车在测试状态下整车重量的20%（对总质量为整备质量1.2倍以下的机动车应不小于15%）。

3）检验结果的复核。对机动车台架检验制动性能结果有异议的，在空载状态下按"10. 路试检验制动性能"复检。对空载状态复检结果有异议的，以满载路试复检结果为准。

小资料

挂　车

挂车是指设计和制造上需由汽车或拖拉机牵引，才能在道路上正常使用的无动力车辆，包括牵引杆挂车（又称全挂车）、中置轴挂车和半挂车，用于载运货物及特殊用途。

六、照明、信号装置和其他电气设备

1. 基本要求

1）机动车的灯具应安装牢靠、完好有效，不得因机动车振动而松脱、损坏、失去作用或改变光照方向；所有灯光的开关应安装牢固、开关自如，不得因机动车振动而自行开关。开关的位置应便于驾驶人操纵。

2）机动车不应安装或粘贴遮挡外部照明和信号装置透光面的护网、防护罩装置（设计和制造上带有护网、防护罩且配光性能符合要求的灯具除外）。除转向信号灯、危险警告信号、紧急制动信号、校车标志灯，扫路车、护栏清洗车、洗扫车、吸尘车等专项作业车在作业状态下的指示灯具，以及消防车、救护车、工程救险车和警车安装使用的标志灯具外，其他外部灯具不应闪烁。

2. 照明和信号装置的数量、位置、光色和最小几何可见度

1）汽车（三轮汽车和装用单缸柴油机的低速货车除外）及挂车的外部照明和信号装置的数量、位置、光色、最小几何可见度应符合 GB 4785 的规定。总质量不小于 4 500kg 的货车、专项作业车和挂车的每一个后位灯、后转向信号灯和制动灯，透光面面积应不小于一个 80mm 直径圆的面积；如属非圆形的，透光面的形状还应能将一个 40mm 直径的圆包含在内。

2）三轮汽车、装用单缸柴油机的低速货车及拖拉机运输机组应设置前照灯、前位灯（手扶拖拉机运输机组除外）、后位灯、制动灯、后牌照灯、后反射器和前、后转向信号灯。其光色应符合 GB 4785 相关规定。

3）机动车应装置后反射器。挂车及车长不小于 6m 的机动车应安装侧反射器和侧标志灯。反射器应与机动车牢固连接，且应能保证夜间在其正后方 150m 处，用符合本标准的汽车前照灯照射时，在照射位置就能确认其反射光。

4）宽度大于 2 100mm 的机动车均应安装示廓灯。

5）牵引杆挂车应在挂车前部的左右各装一只前白后红的牵引杆挂车标志灯，其高度应比牵引杆挂车的前栏板高出 300~400mm，距车厢外侧应小于 150mm。

6）校车应配备统一的校车标志灯和停车指示标志。

3. 照明和信号装置的一般要求

1）机动车（手扶拖拉机运输机组除外）的前位灯、后位灯、示廓灯、侧标志灯、牵引杆挂车标志灯、牌照灯应能同时启闭，仪表灯（仪表板的背景灯）和上述灯具当前照灯关闭和发动机熄火时仍应能点亮。汽车和挂车的电路连接应保证前位灯、后位灯、示廓灯、侧标志灯和牌照灯只能同时打开或关闭，但前位灯、后位灯、侧标志灯作为驻车灯使用（复合或混合）的除外。

2）机动车的前、后转向信号灯，危险警告信号及制动灯白天在距其 100m 处应能观察到其工作状况；侧转向信号灯白天在距其 30m 处应能观察到其工作状况；前、后位置灯、示廓灯，挂车标志灯夜间能见度良好时在距其 300m 处应能观察到其工作状况；后牌照灯夜间能见度良好时在距其 20m 处应能看清牌照号码；制动灯的发光强度应明显大于后位灯。

3）对称设置、功能相同的灯具的光色和亮度不应有明显差异。

4）若机动车照明和信号装置的任一条线路出现故障，不允许其干扰其他线路的正常工作。

5）驾驶区的仪表板应采用不反光的面板或护板，车内照明装置及其在风窗玻璃、视镜、仪表盘等处的反射光线不应使驾驶人炫目。

6）仪表板上应设置仪表灯。仪表灯点亮时，应能照清仪表板上所有的仪表且不应炫目。

7）汽车（三轮汽车和装用单缸柴油机的低速货车除外）仪表板上应设置与行驶方向相适应的转向指示信号和蓝色远光指示信号。

8）汽车（三轮汽车除外）和轮式拖拉机运输机组均应具有危险警告信号装置，其操纵装置不应受灯光总开关的控制。对于牵引挂车的汽车，危险警告信号控制开关也应能打开挂车上的所有转向信号灯，即使在发动机不工作的情况下，仍应能发出危险警告信号。危险警告信号和转向信号灯的闪光频率应为（1.5±0.5）Hz，起动时间不应大于1.5s。如某一转向灯发生故障（短路除外）时，其他转向灯应继续工作，但闪光频率可以不同于上述规定的频率。

9）客车应设置车厢灯和门灯。车长大于6m的客车应至少有两条车厢照明电路，仅用于进出口处的照明电路可作为其中之一。当一条电路失效时，另一条仍应能正常工作，以保证车内照明。车厢灯和门灯不应影响本车驾驶人的视线和其他机动车的正常行驶。

4. 车身反光标识和车辆尾部标志板

1）总质量不小于12 000kg的货车（半挂牵引车除外）和货车底盘改装的专项作业车、车长大于8.0m的挂车及所有最大设计车速不大于40km/h的汽车和挂车，应设置符合GB 25990规定的车辆尾部标志板；半挂牵引车应在驾驶室后部上方设置能体现驾驶室的宽度和高度的车身反光标识，其他货车（多用途货车除外）、货车底盘改装的专项作业车和挂车（设置有符合规定的车辆尾部标志板的专项作业车和挂车，以及旅居挂车除外）应在后部设置车身反光标识。后部的车身反光标识应能体现机动车后部的高度和宽度，对厢式货车和挂车应能体现货厢轮廓。

2）所有货车（半挂牵引车、多用途货车除外）、货车底盘改装的专项作业车和挂车（旅居挂车除外）应在侧面设置车身反光标识。侧面的车身反光标识长度应不小于车长的50%，对三轮汽车应不小于1.2m，对侧面车身结构无连续平面的货车底盘改装的专项作业车应不小于车长的30%，对货厢长度不足车长50%的货车应为货厢长度。

3）道路运输爆炸品和剧毒化学品车辆，除应设置车身反光标识外，还应在后部和两侧粘贴能标示出车辆轮廓、宽度为（150±20）mm的橙色反光带。

4）货车、货车底盘改装的专项作业车和挂车（组成拖拉机运输机组的挂车除外）的车身反光标识材料应符合GB 23254的规定，其中总质量大于3 500kg的厢式货车（不含封闭式货车、侧帘式货车）、厢式挂车（不含侧帘式半挂车）和厢式专项作业车应装备反射器型车身反光标识。车身反光标识的粘贴/设置应符合GB 23254的规定。

5）货车（半挂牵引车除外）和挂车（组成拖拉机运输机组的挂车除外）设置的车身反光标识或车辆尾部标志板被遮挡的，应在被遮挡的车身后部和侧面至少水平固定一块2 000mm×150mm的柔性反光标识。

5. 前照灯

1）机动车装备的前照灯应有远、近光变换功能；当远光变为近光时，所有远光应能同时熄灭。同一辆机动车上的前照灯不应左、右的远、近光灯交叉开亮。

2）所有前照灯的近光均不应眩目，汽车（三轮汽车和装用单缸柴油机的低速货车除外）、摩托车装用的前照灯应分别符合 GB 4599、GB 21259、GB 25991、GB 5948 及 GB 19152 的规定。安装有自适应前照明系统的，应符合 GB/T 30036 的规定。

3）机动车前照灯光束照射位置在正常使用条件下应保持稳定。

4）机动车每只前照灯的远光光束发光强度应达到要求；并且，同时打开所有前照灯（远光）时，其总的远光光束发光强度应符合 GB 4785 的规定。

6. 其他电气设备和仪表

1）机动车（手扶拖拉机运输机组除外）应设置具有连续发声功能的喇叭，喇叭声级在距车前 2m、离地高 1.2m 处测量时为 90～115dB（A）。乘用车、专用校车喇叭在车钥匙取下及车门锁止时在车内应仍能正常使用；但对任何情况下所有供乘员上下车的车门均能从车内打开（乘用车车门安装的儿童锁锁止时除外），或安装有自动探测报警装置、在车钥匙取下及车门锁止时能自动探测车内是否有移动物体且在发现移动物体时能发出明显警示信号的乘用车、专用校车，应视为满足要求。教练车（三轮汽车除外）还应设置辅助喇叭开关，其工作应可靠。

2）电器导线应具有阻燃性能；客车发动机舱内和其他热源附近的线束应采用耐温不低于 125℃的阻燃电线，其他部位的线束应采用耐温不低于 100℃的阻燃电线，波纹管应达到 GB/T 2408 的要求。所有电器导线均应捆扎成束、布置整齐、固定卡紧、接头牢固并在接头处装设绝缘套，在导线穿越孔洞时应装设阻燃耐磨绝缘套管。

3）汽车应装有燃料表（气体燃料汽车为气量显示装置，纯电动汽车、插电式混合动力汽车为可充电储能系统 REESS 电量显示装置，燃料电池汽车为氢气量显示装置），并能显示冷却液温度或冷却液温度报警信息、机油压力或油压报警信息、电流或电压或充电指示信息及车速、里程等信息；采用气压制动的机动车，还应能显示气压。机动车装备的仪表应完好，规定信息的显示功能应有效。

4）专用校车应设置电源总开关；车长不小于 6m 的客车应设置电磁式电源总开关，还应设置能切断蓄电池和所有电路连接的手动机械断电开关。

5）所有客车、危险货物运输货车、半挂牵引车和总质量不小于 12 000kg 的其他货车应装备具备记录、存储、显示、打印或输出车辆行驶速度、时间、里程等车辆行驶状态信息的行驶记录仪；行驶记录仪显示部分应易于观察，数据接口应便于移动存储介质的插拔，技术要求应符合 GB/T 19056 的规定。校车、公路客车、旅游客车、危险货物运输货车装备具有行驶记录功能的卫星定位装置，且行驶记录功能的技术要求符合本标准及 GB/T 19056 相关规定，或车长小于 6m 的其他客车装备符合标准规定的事件数据记录系统（EDR），应视为满足要求。专用校车和卧铺客车、设有乘客站立区的客车，还应装备车内外视频监控录像系统。

6）乘用车应配备能记录碰撞等特定事件发生时的车辆行驶速度、制动状态等数据信息的事件数据记录系统（EDR）；若配备了符合标准规定的车载视频行驶记录装置，应视为满足要求。

7）总质量不小于 12 000kg 的货车，应装备符合标准要求的车辆右转弯音响提示装置，并在设计和制造上保证驾驶人不能关闭车辆右转弯音响提示装置。

8）汽车装备以及加装的所有电气设备不应影响本标准规定的制动、转向、照明和信号装置等运行安全要求。

七、行驶系统

1. 轮胎

1）机动车所装用轮胎的速度级别不应低于该车最大设计车速的要求，但装用雪地轮胎时除外。公路客车、旅游客车和校车的所有车轮及其他机动车的转向轮不得装用翻新的轮胎；其他车轮若使用翻新的轮胎，应符合相关标准的规定。

2）同一轴上的轮胎规格和花纹应相同，轮胎规格应符合整车制造厂的规定。

3）乘用车用轮胎应有胎面磨耗标志。乘用车备胎规格与该车其他轮胎不同时，应在备胎附近明显位置（或其他适当位置）装置能永久保持的标识，以提醒驾驶人正确使用备胎。

4）专用校车和卧铺客车应装用无内胎子午线轮胎，危险货物运输车辆及车长大于9m的其他客车应装用子午线轮胎。

5）乘用车、挂车轮胎胎冠花纹上的花纹深度应不小于1.6mm，摩托车轮胎胎冠花纹上的花纹深度应不小于0.8mm；其他机动车转向轮的胎冠花纹深度应不小于3.2mm，其余轮胎胎冠花纹深度应不小于1.6mm。

6）轮胎胎面不应由于局部磨损而暴露出轮胎帘布层。轮胎不应有影响使用的缺损、异常磨损和变形。

7）轮胎的胎面和胎壁上不应有长度超过25mm或深度足以暴露出轮胎帘布层的破裂和割伤。

8）轮胎负荷不应大于该轮胎的额定负荷，轮胎气压应符合该轮胎承受负荷时规定的压力。具有轮胎气压自动充气装置的汽车，其自动充气装置应能确保轮胎气压符合出厂规定。

9）双式车轮的轮胎的安装应便于轮胎充气，双式车轮的轮胎之间应无夹杂的异物。

2. 车轮总成

1）轮胎螺母和半轴螺母应完整齐全，并应按规定力矩紧固。

2）车轮总成的横向摆动量和径向跳动量，总质量不大于3 500kg的汽车应不大于5mm，摩托车应不大于3mm，其他机动车应不大于8mm。

3）最大设计车速大于100km/h的机动车，车轮的动平衡要求应与该车型的技术要求一致。

3. 悬架系统

1）悬架系统各球关节的密封件不应有切口或裂纹，稳定杆应连接可靠，结构件不应有变形或残损。

2）钢板弹簧不应有裂纹和断片现象，同一轴上的弹簧形式和规格应相同，其弹簧形式和规格应符合产品使用说明书中的规定。中心螺栓和U形螺栓应紧固、无裂纹且不得拼焊。钢板弹簧卡箍不应拼焊或残损。

3）空气弹簧应无裂损、漏气及变形，控制系统应齐全有效。

4）减振器应齐全有效，减振器不应有滴漏油现象。

4. 其他要求

1）车架不应有变形、锈蚀和裂纹，螺栓和铆钉不应缺少或松动。

2）前、后桥不应有变形和裂纹。

3）车桥与悬架之间的各种拉杆和导杆不应有变形，各接头和衬套不应松旷或移位。

4）三轴公路客车的随动轴应具有随动转向或主动转向的功能。

八、传动系统

1. 离合器

1）机动车的离合器应接合平稳，分离彻底，工作时不应有异响、抖动或不正常打滑等现象。

2）踏板自由行程应与该车型的技术要求一致。

3）离合器彻底分离时，踏板力不应大于300N（拖拉机运输机组不应大于350N），手握力不应大于200N。

2. 变速器和分动器

1）换档时齿轮应啮合灵便，互锁、自锁和倒档锁装置应有效，不应有乱档和自行跳档现象发生；运行中应无异响；变速杆及其传动杆件不应与其他部件发生干涉。采用自动变速器的机动车，应通过设计保证只有当变速器换档装置处于驻车档（"P"档）或空档（"N"位）时方可起动发动机（具有自动起停功能时在驱动档["D"档]也可起动发动机）；变速器换档装置换入或经过倒车档（"R"档）以及由驻车档（"P"档）位置换入其他档位时，应通过驾驶人的不同方向的两个动作完成。

2）在换档装置上应有驾驶人在驾驶座位上即可容易识别变速器和分动器档位位置的标志。如换档装置上难以布置，则应布置在变速杆附近易见部位或仪表板上。

3）有分动器的机动车，应在档位位置标牌或产品使用说明书上说明连通分动器的操作步骤。

4）如果电动汽车是通过改变电机旋转方向来实现前进和倒车两个行驶方向转换的，为防止当车辆行驶时意外转换到反向行驶，应满足以下要求：前进和倒车两个行驶方向的转换应通过驾驶人不同方向的两个动作来完成；或者仅通过驾驶人的一个操作动作来完成，应使用一个安全设备使模式转换只有在车辆静止或低速时才能够完成。

3. 传动轴

传动轴在运转时不允许发生振抖和异响，中间轴承和万向节不允许有裂纹和松旷现象。发动机前置后轮驱动的客车的传动轴在车厢地板的下面沿纵向布置时，应有防止由传动轴滑动连接（花键或其他类似装置）脱落或断裂等故障而引起危险的防护装置。

4. 驱动桥

驱动桥壳、驱动桥管不允许有变形和裂纹，驱动桥工作应正常且不允许有异响。

5. 超速报警和限速功能

车长不小于6m的客车应具有超速报警功能，当行驶速度超过允许的最大行驶速度（允许的最大行驶速度不应大于100km/h）时能通过视觉和声觉信号报警，但具有符合规定的限速功能或限速装置的除外。

三轴及三轴以上货车（具有限速功能或配备有限速装置，且限速功能或装置符合规定的除外）应具有超速报警功能，能通过视觉和声觉信号报警。

专用校车、公路客车、旅游客车和危险货物运输货车及车长大于9m的其他客车、车长不小于6m的旅居车应具有限速功能，否则应配备限速装置。限速功能或限速装置应符合GB/T 24545的要求，且最大车速设置要符合要求。

九、车身

1. 基本要求

1)车身的技术状况应能保证驾驶人有正常的工作条件和客货安全,其外部不应产生明显的镜面反光(局部区域使用镀铬、不锈钢装饰件的除外)。

2)机动车驾驶室应保证驾驶人的前方视野和侧方视野。

3)车身和驾驶室应坚固耐用,覆盖件无开裂。车身和驾驶室在车架上的安装应牢固,不得因机动车振动而引起松动。

4)车身外部和内部乘员可能触及的任何部件和构件都不应有任何可能使人致伤的尖锐凸起物(如尖角和锐边等)。

2. 客车的特殊要求

1)专用校车的上部结构强度应符合 GB 24407 的规定,其他未设置乘客站立区的客车的上部结构强度应符合 GB 17578 的规定。

2)客车车身及地板应密合并有足够强度。

3)客车应设置乘客通道或无障碍通路,并保证在不拆卸或手动翻转任何部件的情况下,符合规定的通道测量装置能顺利通过。幼儿专用校车乘客区应采用平地板结构(轮罩处的局部凸起除外)。

4)空载状态下,车长不小于6m 的设有乘客站立区的客车的乘客门的一级踏步高应符合要求。

5)车长大于7.5m 的客车和所有校车不应设置车外顶行李架。其他客车需设置车外顶行李架时,行李架高度应符合要求。

6)专用校车前部应设置碰撞安全结构。

7)幼儿校车、小学生校车的侧窗下边缘距其下方座椅上表面的高度应不小于250mm,否则应加装防护装置。

3. 货运机动车的特殊要求

1)货厢(货箱)应安装牢固可靠,且在设计和制造上不应设置有货厢(货箱)加高、加长、加宽的结构和装置。

2)货箱或其他载货装置,其构造应保证安全、稳妥地装载货物,栏板和底板应规整且具有足够的强度。集装箱运输车和集装箱运输半挂车的构造应保证集装箱运输过程中始终安全、稳妥地固定在车辆上。

3)货车和挂车的载货部分不应设置乘客座椅。

4)货车和挂车的载货部分不应设计成可伸缩的结构。

5)货车驾驶室(区)最后一排座位靠背最上端(前后位置可调座椅应处于滑轨中间位置,靠背角度可调式座椅的靠背角度及座椅其他调整量应处于制造厂规定的正常使用位置)与驾驶室后壁(驾驶区隔板)平面的间距对带卧铺的货车应不大于950mm,对其他货车应不大于450mm。

4. 车门和车窗

1)车门和车窗应启闭轻便,不得有自行开启现象,门锁应牢固可靠。门窗应密封良好,无漏水现象。

2）除设计上专门用于运送特定类型的人员且使用上有特殊需求的乘用车外，乘用车应保证每个乘员至少能从两个不同的车门上下车；并且，当乘用车静止时，所有供乘员上下车的车门（安装的儿童锁锁止时除外）均应能从车内开启。

3）客车除驾驶室门和应急门外，不得在车身左侧开设车门。但对只在沿道路中央车道设置的公共汽车专用道上运营使用的公共汽车，由于公交站台位置的原因须在车身左侧上下乘客时，允许在车身左侧开设乘客门；此类公共汽车不应在车身右侧开设乘客门。对既在沿道路中央车道设置的公共汽车专用道上运营，同时又在普通道路上运营使用的公共汽车，允许在车身左右两侧均开设乘客门，但在设计和制造上应保证车身的强度和刚度达到使用要求，且两侧的乘客门在正常状态下应不能同时开启。

4）当客车静止时，乘客门应易于从车内开启。在正常使用情况下，乘客门向车内开启时，其结构应保证开启运动不致伤害乘客，必要时应装有适当的防护装置；对车长不小于6m的客车，紧急情况下，乘客门还应能从车外开启。车外开门装置离地高度应不大于1 800mm。车长大于9m的未设置乘客站立区的客车（专用校车及乘坐人数小于20的其他专用客车除外）应设置两个乘客门。

5）客车采用动力开启的乘客门，在有故障或意外的情况下，仍应能通过车门应急控制器简便地从车内打开；车门应急控制器应能让临近车门的乘客容易看见并清楚识别，并应有醒目的标志和使用方法；对公共汽车及车长不小于6m的其他客车，还应在驾驶人座位附近驾驶人易于操作部位设置乘客门应急开关。

6）机动车的门窗应使用符合GB 9656规定的安全玻璃。但作为击碎玻璃式应急窗的车窗，应使用厚度不大于5mm的钢化玻璃或每层厚度不超过5mm的中空钢化玻璃。

7）前风窗玻璃驾驶人视区部位及驾驶人驾驶时用于观察外后视镜的部位的可见光透射比应不小于70％。所有车窗玻璃不应张贴镜面反光遮阳膜。公路客车、旅游客车、设有乘客站立区的客车、校车和发动机中置且宽高比不大于0.9的乘用车所有车窗玻璃的可见光透射比均应不小于50％，且除符合GB 30678规定的客车用安全标志和信息符号外，不应张贴有不透明和带任何镜面反光材料的色纸或隔热纸。

8）客车、旅居车、专项作业车乘坐区的两侧应设置车窗。对于厢式货车和封闭式货车，驾驶室（区）两旁应设置车窗，货厢部位不应设置车窗（但驾驶室［区］内用于观察货物状态的观察窗除外）。

9）装有电动窗（包括电动天窗）的乘用车，其控制装置应确保车窗玻璃在运动过程中能在任意位置可靠停住或遇障碍可自动下降（缩回）。

10）汽车（专项作业车除外）在发动机运行状态下，在车外使用遥控钥匙能锁止车门的，应明确警示驾驶人；但对在车外使用遥控钥匙锁止车门后发动机在规定时间内（最长不大于30min）能自动熄火的，视为满足要求。若汽车装备有取消上述功能的装置，则每次汽车点火系统重新起动时上述功能均应处于激活状态（即取消上述功能的装置应处于非激活状态）。

5. 座椅（卧铺）

1）驾驶人座椅应具有足够的强度和刚度，固定可靠，汽车（三轮汽车除外）驾驶人座椅的前后位置应可以调整。驾驶区各操作机件应布置合理，操作方便。

2）载客汽车的乘员座椅应符合相关规定，布置合理，无特殊要求时应尽量均匀分布，不得因座椅的集中布置而形成与车辆设计功能不相适应的、明显过大的行李区（但行李区与乘客区用隔板或隔栅有效隔离的除外）。

3）车长小于6m的乘用车（救护车、囚车除外）不应设置侧向座椅和后向座椅，但设计和制造上具有行动不便乘客（如轮椅乘坐者）乘坐设施的乘用车设置的后向座椅除外。

4）除设有乘客站立区的客车及设计和制造上有特殊使用需求的专用客车（如专用校车的照管人员座椅等）外，其他客车的座椅均应纵向布置（与车辆前进的方向相同）。

5）客车（乘坐人数小于20的专用客车除外）踏步区域不应设置座椅（专用校车在踏步区域设置的照管人员折叠座椅除外），乘客通道内不应设置供乘客使用的折叠座椅。应急门引道处前排座椅靠背即使调整到最后位置也不能侵入应急门引道空间。设有乘客站立区的客车，应安装供站立乘客用的护栏、扶手等装置，且护栏、扶手等装置的数量应与核定站立人数相适应。

6）客车及校车座椅的座间距应符合要求。专用校车的学生座椅在车辆横向上最多采用"2+3"布置；其他客车座椅在车辆横向上不应采用"2+3"布置（最后一排座椅除外）。

7）卧铺客车的卧铺应纵向布置（与机动车前进方向相同），卧铺宽度应符合要求。

8）校车应至少设置一个照管人员座位，照管人员座位应有永久性标识。专用校车学生座椅及其车辆固定件的强度应符合GB 24406的要求。

9）专用校车靠近通道的学生座椅应在通道一侧设置座椅扶手；扶手和把手应有足够的强度，其扶手应使乘客易于抓紧，每个扶手的表面应防滑。

6. 内饰材料和隔音、隔热材料

1）汽车驾驶室和乘员舱所用的内饰材料应采用阻燃性符合GB 8410规定的阻燃材料，其中客车内饰材料的燃烧速度应不大于70mm/min。

2）发动机舱或其他热源（如缓速器或车内采暖装置，但不包括热水循环装置）与车辆其他部分之间应安装隔热材料，用于连接隔热材料的固定夹、垫圈等也应防火。对设有乘客站立区的客车和发动机后置的其他客车，其发动机舱使用的隔音、隔热材料应达到GB 8410规定的A级的要求。

7. 号牌板（架）

1）机动车应设置能满足号牌安装要求的号牌板/架。前号牌板/架（摩托车除外）应设于前面的中部或右侧（按机动车前进方向），后号牌板/架应设于后面的中部或左侧。

2）每面号牌板/架上应设有4个号牌安装孔（三轮汽车前号牌板/架、摩托车后号牌板/架应设有2个号牌安装孔），以保证能用M6规格的螺栓将号牌直接牢固可靠地安装在车辆上。

8. 其他要求

1）乘用车应装有护轮板，总质量大于1 500kg的货车、货车底盘改装的专项作业车及总质量大于3 500kg的挂车应装有防飞溅系统，其他机动车的所有车轮均应有挡泥板。

2）乘用车（三厢车除外）行李区的纵向长度应不大于车长的30%。

3）客车车内行李架应能防止物件跌落，其静态承载能力应不小于40kg/m²。

4）客车台阶踏板（包括伸缩踏板）应有防滑功能，前缘应清晰可辨，有效深度（从该台阶前缘到下一个台阶前缘的水平距离）应不小于200mm。

5）对于可翻转驾驶室，应有驾驶室锁止附加安全装置（如安全钩），并且在翻转操纵机构附近易见部位应有提醒驾驶人如何正确使用该操纵机构的文字。

6）自卸车等装有液压举升装置的机动车，应装备有车厢举升的声响报警装置和（车厢举升状态下）防止车厢自降保险装置；并且，在设计和制造上应保证机动车在行驶过程中不会出现车厢自动举升现象。

十、安全防护装置

1. 汽车安全带

1）乘用车、旅居车、未设置乘客站立区的客车、货车（三轮汽车除外）、专项作业车的所有座椅，设有乘客站立区的客车的驾驶人座椅和前排乘员座椅均应装备汽车安全带（图4-1）。

2）除三轮汽车外，所有驾驶人座椅、乘用车的所有乘员座椅（设计和制造上具有行动不便乘客乘坐设施的乘用车设置的后向座椅除外）、总质量不大于3 500kg的其他汽车的所有外侧座椅、其他汽车（设有乘客站立区的客车除外）的前排外侧乘员座椅，装备的汽车安全带均应为三点式（或全背带式）汽车安全带。

图4-1 汽车安全带

3）专用校车和专门用于接送学生上下学的非专用校车的每个学生座位（椅）及卧铺客车的每个铺位均应装备两点式汽车安全带。

4）汽车安全带应可靠有效，安装位置应合理，固定点应有足够的强度。

5）汽车（三轮汽车除外）应装备驾驶人汽车安全带佩戴提醒装置。当驾驶人未按规定佩戴汽车安全带时，应能通过视觉或声觉信号报警。

6）乘用车（单排座的乘用车除外）应至少有一个座椅配置符合规定的ISOFIX儿童座椅固定装置，或至少有一个后排座椅能使用汽车安全带有效固定儿童座椅。

2. 间接视野装置

1）机动车（挂车除外）应在左右至少各设置一面主后视镜；乘用车、总质量不大于3 500kg的货车和货车底盘改装的专项作业车还应设置一面内视镜；总质量大于3 500kg的货车和货车底盘改装的专项作业车还应在右侧至少设置一面补盲后视镜；总质量大于7 500kg的货车和货车底盘改装的专项作业车，以及在车辆右侧设置了补盲后视镜的总质量大于3 500kg且不大于7 500kg的货车和货车底盘改装的专项作业车，还应在左右两侧至少各设置一面广角后视镜。

2）汽车、车身部分或全部封闭驾驶人的摩托车内视镜和外视镜（或其他间接视野装置，如摄影、监视装置）的安装位置和角度，应保证驾驶人能借助内视镜和外视镜（或其他间接视野装置）在水平路面上看见符合GB 15084规定区域的交通情况；专用校车应保证驾驶人能看清乘客门关闭后乘客门车外附近的情况及后风窗玻璃后下方地面上长3.6m、宽2.5m范围内的情况，并且在正常驾驶状态下能通过内视镜观察到车内所有乘客区。

3）车长不小于6m的平头载客汽车及总质量大于7 500kg的平头货车和平头货车底盘改装的专项作业车，应在车前至少设置一面前视镜或相应的监视装置，以保证驾驶人能看清风窗玻璃前下方长1.5m、左侧驾驶室最外点平行于车辆纵向中心线、右侧为车辆纵向中心线向右 1.5m 宽范围内的情况。

4）车外后视镜和前视镜应易于调节，并能有效保持其位置。

5）安装在外侧距地面 1.8m 以下的后视镜，当行人等接触该镜时，应具有能缓和冲击的功能。

6）教练车（三轮汽车除外）及自学用车应安装有符合规定的辅助后视镜，以使教练员能有效观察到车辆两侧及后方的交通状态。

3. 前风窗玻璃刮水器

1）机动车的前风窗玻璃应装备刮水器，其刮刷面积应确保驾驶人具有良好的前方视野。

2）刮水器应能正常工作。

3）刮水器关闭时，刮片应能自动返回至初始位置。

4. 应急出口

（1）基本要求

1）客车应设置与其乘坐人数相匹配数量的乘客门、应急窗。

2）车长不小于 6m 的客车（乘坐人数小于 20 的专用客车除外），如车身右侧仅有一个乘客门且在车身左侧未设置驾驶人门，应在车身左侧或后部设置应急门。车长大于 7m 的客车（乘坐人数小于 20 的专用客车除外）应设置撤离舱口。卧铺客车的卧铺布置为上、下双层时，侧窗洞口应为上下两层。

（2）应急门

1）应急门的净高应不小于 1 250mm，净宽应不小于 550mm；但车长不大于 7m 的客车，应急门的净高应不小于 1 100mm，若自门洞最低处向上 400mm 以内有轮罩凸出，则在轮罩凸出处应急门净宽可减至 300mm。

2）车辆侧面的铰接式应急门应铰链于前端，向外开启角度应不小于 100°，并能在此角度下保持开启。若在应急门打开时能提供不小于 550mm 的自由通道，则开度不小于 100°的要求可不满足。

3）通向应急门的引道宽度应不小于 300mm，不足 300mm 时允许采用迅速翻转座椅的方法加宽引道。专用校车沿引道侧面设有折叠座椅时，在折叠座椅打开的情况下（对在不使用时能自动折叠的座椅，在座椅处于折叠位置时），引道宽度仍应不小于 300mm。

4）应急门应有锁止机构且锁止可靠。应急门关闭时应能锁止，且在车辆正常行驶情况下不会因车辆振动、颠簸、冲撞而自行开启。

5）当车辆停止时，应急门不用工具应能从车内外很方便地打开，并设有车门开启声响报警装置。允许从车外将门锁住，但应保证始终能用正常开启装置从车内将其打开，门外手柄应设保护套或其他能手动拆除的保护装置，且离地面高度（空载时）应不大于 1 800mm。客车不应安装有其他固定、锁止应急门的装置。

（3）应急窗和撤离舱口

1）应急窗和撤离舱口的面积应符合要求。

2）应急窗应采用易于迅速从车内、外开启的装置；或采用自动破窗装置；或在车窗玻璃上方中部或右角标记有直径不小于 50mm 的圆心击破点标志，并在每个应急窗的邻近处提供一个应急锤以方便地击碎车窗玻璃，且应急锤取下时应能通过声响信号实现报警。

3）设有乘客站立区的客车车身两侧的车窗，根据洞口可内接的矩形的面积，应设置为推拉式或外推式应急窗；或设置为击碎玻璃式的应急窗，并在附近配置应急锤或具有自动破窗功能。

4）安全顶窗应易于从车内、外开启或移开或用应急锤击碎。安全顶窗开启后，应保证从车内外进出的畅通。弹射式安全顶窗应能防止误操作。

（4）标志

1）每个应急出口应在其附近设有"应急出口"字样。

2）乘客门和应急出口的应急控制器（包括用于击碎应急窗车窗玻璃的工具）应在其附近标有清晰的符号或字样，并注明其操作方法，字体高度应不小于10mm。

5. 燃料系统的安全保护

1）燃料箱及燃料管路应坚固并固定牢靠，不会因振动和冲击而发生损坏和泄漏现象。不准许用户改动或加装燃料箱，不准许用户改动燃料管路和燃料种类。

2）燃料箱的加注口及通气口应保证在机动车晃动时不泄漏。

3）机动车（摩托车及装用单缸柴油机的汽车除外）的燃料系统不允许用重力或虹吸方法直接向化油器或喷油器（燃油轨）供油。

4）燃料箱的加注口和通气口不允许对着排气管的开口方向，且应距排气管的出气口端300mm以上，否则应设置有效的隔热装置；燃料箱的加注口和通气口应距裸露的电气接头及外部可能产生火花的电气开关200mm以上；车长大于6m的客车的燃料箱的加注口和通气口应距排气管的任一部位300mm以上。

5）汽车燃料箱各部分不允许前伸至前置汽油发动机的前端面。车长大于6m的客车燃料箱距客车前端面不应小于600mm，距客车后端面不应小于300mm。发动机后置的公路客车和游游客车，其燃料箱的前端面应位于前轴之后。

6）机动车燃料箱的通气口和加注口不允许设置在有乘员的车厢内。

6. 气体燃料专用装置的安全防护

1）气体燃料的供给系统应有效的安全保护结构措施，以防止气体泄漏；每个车用气瓶出气（液）口端应具有燃料流量限制功能，以保证在其后部的燃料供给管路发生泄漏、破裂、断裂等情况下能自动关闭。

2）对于两用燃料汽车，应设置燃料转换系统并安装燃料转换开关。在燃料控制上，应具有当发动机突然停止运转时，即使点火开关打开也能自动切断气体燃料供给的功能。燃料转换开关的安装位置应便于驾驶人操作，其档位标记应明显，能分别控制供油、供气两种状态。气体燃料和汽油电磁阀的操作均应由燃料转换开关统一控制；当电流被切断时，电磁阀应处于"关闭"位置。

3）压缩天然气管路应采用不锈钢管或其他车用高压天然气专用管路，高压液化石油气管路应采用专用管路。不准许用户改动或加装气瓶。

4）通气接口排气方向应指向车尾方向并与地面成45°圆锥的范围内，能将泄漏气体排出车外，通气接口至排气管和其他热源距离应不小于250mm，通气总面积应不小于450mm^2。液化天然气管路减压阀不应设置在密封空间或其上部有相对密封气穴的位置。

5）高压管路的特殊部位（如相对移动的部件之间）应采用柔性管路，其余部位应采用刚性管路。

6）刚性高压管路应排列整齐、布置合理、固定有效，不应与相邻部件碰撞和摩擦，所有高压管路和高压管接头应得到有效的保护，高压管接头应安装在操作者易于接近的位置。

7）气体燃料车辆应安装泄漏报警装置，所有管路接头处均不应出现漏气现象。

8）加气量不小于375L的气体燃料汽车应安装导静电橡胶拖地带，拖地带导体截面积应不小于100mm^2，且拖地带接地端无论空载、满载均应始终接地。

9）钢瓶应被可靠地固定在车上，安装钢瓶的固定座应具有阻止钢瓶旋转、移动的能力，固定座应便于拆装工作。钢瓶安装在车上后，钢瓶编号应易见，钢瓶的强度和刚度不应下降，车架（车身）结构强度也不应受影响。

10）钢瓶安装位置应远离热源，必要时应采取隔热措施。在任何情况下，钢瓶及其所有高压管路和高压接头与发动机排气管和传动轴的任何部位之间的距离应不小于100mm；与发动机排气管的距离在100～200mm之间时，应设置固定可靠的隔热装置。

11）钢瓶应安装在通风位置或采取有效的通风措施，阀门渗漏的气体不应进入驾驶室或载人车厢。

12）钢瓶与汽车后轮廓边缘的距离应不小于200mm，且钢瓶及其附件不应布置在汽车前轴之前。钢瓶安装在汽车车架下时，钢瓶下方和后方应采取有效防护措施。钢瓶安装在汽车后轴之后时，钢瓶后方应采取有效防护措施。

13）钢瓶不应直接安装在驾驶室、载人车厢和货箱内。当不得不安装在上述位置时，应用密封盒、波纹管及通气接口将瓶口阀及连接的高压接头与之安全隔离。密封盒等隔离装置应有很强的防护功能，当车辆受到冲撞时应能有效地防止钢瓶冲入。

14）钢瓶的安装和保护罩的设置，应能保证钢瓶集成阀的正常操作和检查。

15）手动截止阀应安装在钢瓶到调压器之间易于操作的位置，手动截止阀不应直接安装在驾驶室或载人车厢内。

16）钢瓶至调压器之间应安装滤清装置，并易于检查、清洗和更换。

7. 牵引车与被牵引车的连接装置

1）连接装置应坚固耐用。

2）牵引车和被牵引车连接装置的结构应能确保相互牢固的连接。

3）牵引车和被牵引车的连接装置上应装有防止机动车在行驶中因振动和撞击而使连接脱开的安全装置。

8. 货车、专项作业车和挂车侧面及前后下部防护要求

1）总质量大于7 500kg的货车、货车底盘改装的专项作业车，应按GB 26511的规定提供对平行车辆纵轴方向的作用力具有足够阻挡力的前下部防护，以防止正面碰撞时发生钻入碰撞。

2）总质量大于3 500kg的货车（半挂牵引车除外）、货车底盘改装的专项作业车和挂车，应按GB 11567的规定提供防止人员卷入的侧面防护。

3）货车列车的货车和挂车之间应提供防止人员卷入的侧面防护。

4）总质量大于3 500kg的货车、货车底盘改装的专项作业车和挂车（长货挂车除外）的后下部，应提供符合GB 11567规定的后下部防护，以防止追尾碰撞时发生钻入碰撞。

9. 客车的特殊要求

1）客车在设计和制造上应保证发动机排气不会进入客厢。

2）客车的灭火装备配置应符合 GB 34655 的规定。

3）车长不小于 6m 的纯电动客车、插电式混合动力客车，应能监测动力蓄电池工作状态并在发现异常情形时报警，且报警后 5min 内电池箱外部不能起火爆炸。

4）安装有客舱固定灭火系统的公共汽车，其客舱固定灭火系统的性能应符合 GA 1264 的规定。

10. 货车的特殊要求

1）货车货厢（自卸车、装载质量 1 000kg 以下的货车除外）前部应安装比驾驶室高至少 70mm 的安全架。

2）无驾驶室的三轮汽车货厢前部应安装具有足够强度的安全架，其高度应高出驾驶人座垫平面至少 800mm。

3）封闭式货车在最后排座位的后方应安装具有足够强度的隔离装置。

11. 危险货物运输车辆的特殊要求

1）专门用于运送易燃和易爆物品的危险货物运输车辆，车上应备有消防器材并具有相应的安全措施；排气管的布置应能避免加热和点燃货物，距燃油箱、燃油管净距离应不小于 200mm，排气管出口应装在罐体/箱体前端面之前、不高于车辆纵梁上平面的区域，并安装符合 GB 13365 规定的机动车排气火花熄灭器，机动车尾部应安装接地端导体截面积不小于 100mm^2 的导静电橡胶拖地带，且拖地带接地端无论空、满载应始终接地。

2）罐式危险货物运输车辆的罐体顶部如有安全阀、通气阀组件以及检查孔、装卸料阀门、管道等附件设备设施，应设置能承受 2 倍车辆总质量乘以重力加速度的惯性力的倾覆保护装置，且该装置应具有能将积聚在其内部的液体排出的结构或功能；若罐体顶部无任何附属设备设施或附属设备设施未露出罐体，不应设置倾覆保护装置。罐体顶部的管接头、阀门及其他附件的最高点应低于倾覆保护装置的最高点至少 20mm。

3）罐式危险货物运输车辆罐体上的管路和管路附件不应超出车辆的侧面及后下部防护装置，且罐体后封头及罐体后封头上的管路和管路附件外端面与后下部防护装置内侧在车辆长度方向垂直投影的距离应不小于 150mm。

4）装有紧急切断装置的罐式危险货物运输车辆，在设计和制造上应保证运输液体危险货物的车辆行驶速度大于 5km/h 时紧急切断阀能自动关闭，或在发动机起动时能通过一个明显的信号装置（例如声或光信号）提示驾驶人需要关闭紧急切断阀。

12. 纯电动汽车、插电式混合动力汽车的特殊要求

1）车辆驱动系统的车载可充电储能系统（REESS）可以通过车辆外电源充电的纯电动汽车、插电式混合动力汽车，当车辆被物理连接到外部电源时，应不能通过自身的驱动系统移动。

2）在车辆起步且车速低于 20km/h 时，应能给车外人员发出适当的提示性声响。

3）B 级电压电路中的 REESS 应用符合规定的警告标记予以标识；当人员能接近 REESS 的高压部分时，还应清晰可见地注明 REESS 的种类（例如超级电容器、铅酸电池、镍氢电池、锂离子电池等）。当移开遮栏或外壳可以露出 B 级电压带电部分时，遮栏和外壳上也应有同样的警告标记清晰可见。

4）汽车 B 级电压电气设备的外露可导电部分，包括外露可导电的遮栏和外壳，应当按照要求连接到电平台以保持电位均衡。

5)当驾驶人离开汽车时,若车辆驱动系统仍处于"可行驶模式",则应通过一个明显的信号装置(例如声或光信号)提示驾驶人。切断电源后,纯电动汽车应不能产生由自身电驱动系统造成的不期望的行驶。

6)对没有嵌入在一个完整的电路里的 REESS,其绝缘电阻 R_i 除以最大工作电压的 REESS 阻值应符合要求。

7)若 REESS 自身没有防短路功能,则应有一个 REESS 过电流断开装置能在车辆制造厂商规定的条件下断开 REESS 电路,以防止对人员、车辆和环境造成危害。

8)当汽车的绝缘电阻值低于规定的数值(或车辆制造厂家规定的更高阻值)时,应通过一个明显的信号装置(例如声或光信号)提示驾驶人。

9)汽车应具有能切断动力电路的功能。

13. 其他要求

1)汽车驾驶室内应设置防止阳光直射而使驾驶人产生眩目的装置,且该装置在汽车碰撞时,不应对驾驶人造成伤害。

2)汽车(无驾驶室的三轮汽车除外)应配备 1 件反光背心和 1 个符合 GB 19151 规定的三角警告牌,三角警告牌在车上应妥善放置;车长不小于 6m 的客车和总质量大于 3 500kg 的货车,还应装备至少 2 个停车楔(如三角垫木)。

3)乘用车、旅居车、专用校车和车长小于 6m 的其他客车前后部应设置保险杠,货车(三轮汽车除外)和货车底盘改装的专项作业车应设置前保险杠。

4)乘用车、旅居车、专用校车的前风窗玻璃应装有除雾、除霜装置。

5)校车应配备急救箱,急救箱应放置在便于取用的位置并确保有效适用。

6)对装备有辅助正面/侧面防撞安全气囊系统的汽车,驾乘人员如已按照制造厂家规定正确使用了安全带等安全装置,在发生正面或侧面碰撞时不应由于安全气囊系统未正常展开而遭受不合理伤害。

7)机动车发动机的排气管口不得指向车身右侧(如受结构限制排气管口必须偏向右侧时,排气管口气流方向与机动车纵向中心面的夹角应不大于 15°),客车的排气尾管如为直式的,排气管口应伸出车身外蒙皮。

十一、消防车、救护车、工程救险车和警车的附加要求

1)消防车的车身颜色应符合相关标准(即 GB/T 3181 规定的 R03 红色)的规定。

2)救护车的车身颜色应为白色,左、右侧及车后正中应喷符合规定的图案(即带有白边的 4 颗红心围绕着白十字图案,或者是中间为蛇绕权杖、外六角的"生命之星"图案)。

3)工程救险车的车身颜色应为符合 GB/T 3181 规定的 Y07 中黄色,其车身两侧应喷"工程救险"字样。

4)警车的外观制式应分别符合 GA 524、GA 923 和 GA 525 的规定。

5)消防车、救护车、工程救险车和警车应装备与其功能相适应的装置,各装置应布局合理、固定可靠、便于使用。

6)消防车、救护车、工程救险车和警车安装使用的警报器应符合 GB 8108 的规定,安装使用的标志灯具应符合 GB 13954 的规定,警报器和标志灯具应固定可靠。

十二、残疾人专用汽车的附加要求

1）应根据驾驶人的残疾类型，在采用自动变速器的乘用车上，加装相应类型的、符合相关规定的驾驶辅助装置。加装的驾驶辅助装置安装应牢固可靠，位置应适合操纵，且不应与车辆的其他操纵指示系统冲突或妨碍车辆其他操纵指示系统的操作。

2）驾驶辅助装置加装后，不应改变原车结构的完整性和安全性及影响原车操纵件的电气功能和机械性能，且不应使驾驶人驾驶时受到视野内产品部件的反光而炫目。

3）加装的转向盘控制辅助手柄应间隙适当，操纵灵活、方便，无阻滞现象。

4）加装的制动和加速辅助装置应具有制动、加速互锁功能并保证制动灵活、方便，不会发生失效现象。制动和加速迁延控制手柄传动到制动踏板表面的正压力达到500N时，控制手柄表面的正压力应不大于300N。

5）加装的转向信号迁延开关及驻车制动辅助手柄应刚性固定。转向信号迁延开关应开关自如、功能可靠，不会因振动和其他外力条件而自行开关；驻车制动辅助手柄应操纵轻便、锁止可靠，操纵力应不大于200N。

6）加装的驾驶辅助装置的各部件应完好有效，表面不应有影响使用的凹凸、划伤和返锈等，在接触人体的表面部位不得有毛刺、刃口、棱角或其他有害操作者的缺陷。

7）残疾人专用汽车应设置符合规定的残疾人机动车专用标志。

中国第一辆自行制造的汽车

1953年7月15日，中国第一汽车制造厂在长春举行了隆重的奠基典礼。1956年7月13日，装配国产载货汽车的时刻到来了！长达150m的装配线，正在进行对1 292种零件、569种合件、116种总成及全国各地400余种协作件（共11 000多个零件）的最后组装，如图4-2所示。

图4-2 我国第一辆解放牌汽车组装下线

14日下午1时，12辆披红挂彩向吉林省委、长春市委报喜的"解放"汽车，向全世界宣告：中国能自己制造汽车了！长春市市民披上节日盛装涌上街头，整个城市成为红旗的海洋，五彩纸花铺天盖地。当时有些人的手里没有纸花，就将手里拿着的爆米花往新车抛去。每台车子被群众层层围住，几乎开不动了，只能以最慢的速度一点点地往前挪（图4-3）。当年，成批生产出我国自己的CA10解放牌载货汽车1 654辆，结束了我国不能制造汽车的历史。虽然该车由前苏联的工程师设计（即前苏联的吉斯150型），但从配件生产到整车组装，全部由国人完成，而且是大批量生产的定型产品。到1986年9月28日，最后一辆老"解放"缓缓地驶下总装配线，共生产这种汽车1 281 502辆。图4-4所示为早期的解放牌汽车车标。

图4-3　第一批国产解放牌汽车排成长列报喜　　　图4-4　早期的解放牌汽车车标

中国第一辆自行设计制造的汽车

南京汽车制造厂于1957年制造的CN120型（短头）和CN121型（平头）轻型载货汽车是中国第一辆自行设计制造的汽车。汽车自重1.77t，载重量1.5t，满载时最高速度可达80km/h。1958年3月10日清晨5时，该厂试制出第一辆NJ130型载货汽车，如图4-5所示。这款仿制前苏联"高尔基"汽车厂生产的51型设计而成的2.5t载货车，马上被当时的一机部命名为"跃进"。作为定型产品，当年共产生了250辆。

图4-5　第一辆NJ130型载货汽车

第三节　汽车安全技术检验

目前汽车安全技术检验方法为国家标准《机动车安全技术检验项目和方法》（GB 21861—2014），本节参照了2018年7月公布的《机动车安全技术检验项目和方法（征求意见稿）》的内容。

一、检验流程

汽车安全技术检验流程如图4-6所示,检验机构可根据实际情况适当调整检验流程。

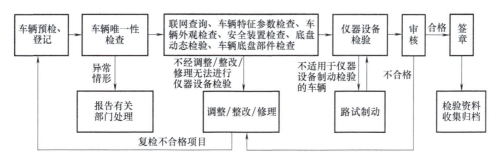

图4-6 汽车安全技术检验流程

二、检验项目

在用机动车安全技术检验项目见表4-6。

表4-6 机动车安全技术检验项目表(在用机动车检验)

序号	检验项目		适用车辆类型					
			载客汽车		载货汽车（三轮汽车除外）、专项作业车	挂车	三轮汽车	摩托车
			非营运小型、微型载客汽车	其他类型载客汽车				
1	联网查询		■	■	■	■	■	■
2	车辆唯一性检查	号牌号码/车辆类型	■	■	■	■	■	■
		车辆品牌/型号	■	■	■	■	■	■
		车辆识别代号（或整车出厂编号）	■	■	■	■	■	■
		发动机号码（或驱动电机号码）	■	■	■		■	■
		车身颜色和车辆外形	■	■	■		■	■
3	车辆特征参数检查	外廓尺寸			□	□		
		轴距						
		整备质量			□	■	●	
		核定载人数和座椅布置	■	■	■			□
		栏板高度			□	□		
		悬架			■	■		
		客车应急出口		□				

105

（续）

序号	检验项目		适用车辆类型					
			载客汽车		载货汽车（三轮汽车除外）、专项作业车	挂车	三轮汽车	摩托车
			非营运小型、微型载客汽车	其他类型载客汽车				
3	车辆特征参数检查	客车乘客通道和引道	□					
		货厢			□	□	■	
4	车辆外观检查	车身外观	■	■	■	■	■	■
		外观标识、标注和标牌	■	■	■	■	■	■
		外部照明和信号装置	■	■	■	■	■	■
		轮胎	■	■	■	■	■	■
		号牌及号牌安装	■	■	■	■	■	■
		加装/改装灯具	■	■	■	■		
5	安全装置检查	汽车安全带	■	■	■			
		应急停车安全附件	■	■	■	□		
		灭火器		□	□			
		行驶记录装置		□	□			
		车身反光标识			■	■	■	
		车辆尾部标志板			□	□		
		防护装置			□	□		
		应急锤		□				
		急救箱		□				
		车速限制/报警功能或装置		□	□			
		防抱制动装置	□	□	□	□		
		辅助制动装置		□	□			
		电子稳定性控制系统		□				
		自动紧急制动系统		□				
		电控制动系统			□	□		
		车道保持辅助系统		□				
		盘式制动器		□	□			
		制动间隙自动调整装置		□	□	□		
		紧急切断装置			□	□		
		发动机舱自动灭火装置		□				

(续)

序号	检验项目		适用车辆类型					
			载客汽车		载货汽车（三轮汽车除外）、专项作业车	挂车	三轮汽车	摩托车
			非营运小型、微型载客汽车	其他类型载客汽车				
5	安全装置检查	手动机械断电开关		□				
		副制动踏板		□	□			
		校车标志灯和校车停车指示标志牌		□				
		危险货物运输车辆标志			□	□		
		肢体残疾人操纵辅助装置	□					
6	底盘动态检验	转向系统	□	■	■		■	■
		传动系统	□	■	■		■	■
		制动系统	□	■	■		■	■
		仪表和指示器	□	■	■		■	■
7	车辆底盘部件检查	转向系统部件	□	■	■		■	■
		传动系统部件	□	■	■		■	■
		行驶系统部件	□	■	■	■	■	■
		制动系统部件	□	■	■	■	■	■
		其他部件	□	■	■	■	■	■
8	仪器设备检验	行车制动①	空载制动率	■	■	■	■	■
			空载制动不平衡率	■	■	■	■	■
			加载轴制动率			□	□	
			加载轴制动不平衡率			□	□	
		驻车制动	□	□	■	■	■	
		车轮阻滞率			■			

（续）

序号	检验项目		适用车辆类型					
			载客汽车		载货汽车（三轮汽车除外）、专项作业车	挂车	三轮汽车	摩托车
			非营运小型、微型载客汽车	其他类型载客汽车				
8	仪器设备检验	前照灯	远光发光强度	■	■	■		■	■
			远近光束垂直偏移	□	□				
		车速表指示误差		■	■				
		转向轮横向侧滑量		□	□				

注：1. 联网查询、车辆唯一性检查、车辆特征参数检查、车辆外观检查、安全装置检查、底盘动态检验、车辆底盘部件检查等检验项目属于人工检验项目。

2. "■"表示该检验项目适用于该类车在用机动车检验的全部车型，"□"表示该检验项目适用于该类车在用机动车检验的部分车型。

3. 对于适用车辆类型为"非营运小型、微型载客汽车"的，"□"对应的检验项目适用于发动机中置且宽高比不大于0.9的乘用车（面包车）、7座及7座以上车辆，以及使用年限超过10年的车辆。

4. 对于适用车辆类型为"摩托车"的，"□"对应的该检验项目适用于带驾驶室的正三轮摩托车以及不带驾驶室、不具有载运货物结构或功能且设计和制造上最多乘坐2人（包括驾驶人）的正三轮摩托车。

5. 适用车辆类型为其他情形的，"□"对应的检验项目所适用的具体车型见相关要求。

6. 自学用车（加装了安全辅助装置，用于机动车驾驶证自学直考的非营运小型汽车、小型自动档汽车）还应检验副制动踏板、辅助后视镜。

7. 驻车制动检验项目不适用于驻车制动使用电子控制装置的汽车。

8. 对于因更换发动机、车身或者车架申请变更登记的机动车检验时，参照在用机动车检验项目；对于因质量问题更换整车申请变更登记的机动车检验时，参照注册登记检验项目。

① 三轴及三轴以上的载货汽车、采用并装双轴及并装三轴的挂车（相关轴采用空气悬架、总质量为整备质量的1.2倍以下的车辆除外），对部分轴（转向轴除外）还应测试加载轴制动率和加载轴制动不平衡率。

三、检验方法

送检机动车应清洁，无明显漏油、漏水、漏气现象，轮胎完好，轮胎气压正常且胎冠花纹中无异物，发动机应运转平稳，怠速稳定，无异响；装有车载诊断系统（OBD）的车辆，不应有与防抱制动装置（ABS）、电动助力转向系统（EPS）及其他与行车安全相关的故障信息；纯电动汽车、插电式混合动力汽车不应有由于绝缘电阻值低于规定数值的报警信号；组成汽车列车的主车与挂车应当匹配，组成乘用车列车的乘用车在设计和制造上应当具有牵引功能。对达不到以上基本要求的送检机动车，机动车安全技术检验机构应告知送检人整改，符合要求后再进行安全技术检验。

在用机动车检验时，应提供送检机动车的机动车行驶证和有效的机动车交通事故责任强制保险凭证。

机动车安全技术检验方法见表4-7。

表 4-7　机动车安全技术检验方法

序号	检验项目		检验方法
1	联网查询		利用联网信息系统查询车辆事故/违法信息
2	车辆唯一性检查	号牌号码/车辆类型*	目视比对检查，目视难以清晰辨别时使用内窥镜等工具；使用 VIN 码信息读取仪器采集、比对车载电子控制单元（ECU）记载的车辆识别代号等信息；有疑问时，可采用金属探伤仪、油漆层微量厚度检验仪等仪器设备；在用机动车检验时，使用检验智能终端（PDA）由远及近拍摄车辆识别代号（或整车出厂编号）视频，视频应能清晰显示车辆识别代号、打刻区域情况以及车辆前部特征等
		车辆品牌/型号	
		车辆识别代号（或整车出厂编号）*	
		发动机号码（或驱动电机号码）	
		车身颜色和车辆外形*	
3	车辆特征参数检查	外廓尺寸	用长度测量工具测量，重中型货车、专项作业车、重中型半挂车应使用符合 GA/T 1402 标准的自动测量装置
		轴距	用长度测量工具测量；有条件时，可使用自动测量装置
		整备质量	用地磅或轴（轮）重仪等装置称量
		核定载人数和座椅布置*	目视检查，目测座椅宽度、深度及驾驶室内部宽度等参数偏小时使用量具测量相关尺寸
		栏板高度	用钢直尺等长度测量工具测量
		悬架*	目视检查
		客车应急出口*	目视检查，目测应急出口尺寸偏小的，使用长度测量工具测量相关尺寸
		客车乘客通道和引道*	目视检查，目测通道、引道偏窄或高度不符合要求时，使用通道、引道测量装置检查
		货厢*	目视检查，目测货厢有超长、超宽、超高嫌疑时，使用长度测量工具测量相关尺寸
4	车辆外观检查	车身外观*	目视检查，对封闭式货厢的货车、挂车应打开车厢门检查，目测车窗玻璃可见光透射比、车身尺寸等车身外观参数有疑问时，使用透光率计、钢直尺、锤子、铁钩及照明器具等工具测量相关参数
		外观标识、标注和标牌*	目视检查，目测字高偏小时，使用长度测量工具测量相关尺寸
		外部照明和信号装置*	目视检查并操作，拍摄制动信号装置工作情况
		轮胎*	目视检查轮胎规格/型号，目测胎压不正常、轮胎胎冠花纹深度偏小时，使用轮胎气压表、花纹深度计等工具测量相关参数；有条件时，可使用花纹深度自动测量装置
		号牌及号牌安装*	目视检查，目测号牌安装位置、形式，有疑问时使用长度测量工具测量相关尺寸
		加装/改装灯具	目视检查

（续）

序号	检验项目		检 验 方 法
5	安全装置检查	汽车安全带*	目视检查，必要时逐个操作
		应急停车安全附件*	目视检查
		灭火器*	目视检查
		行驶记录装置*	目视检查，目测显示功能异常时，使用专用检验仪器
		车身反光标识*	目视检查，目测逆反射系数偏小时，使用专用检验仪器
		车辆尾部标志板*	目视检查，目测逆反射系数偏小时，使用专用检验仪器
		防护装置*	目视检查，目测防护装置单薄、安装不规范时，使用长度测量工具
		应急锤*	目视检查
		急救箱*	目视检查
		车速限制/报警功能或装置	审查机动车产品公告、机动车出厂合格证、产品使用说明书等技术凭证资料
		防抱死制动装置*	打开电源，观察"ABS"指示灯，对于半挂车检查相关装置
		辅助制动装置*	审查机动车产品公告等技术资料凭证并操作驾驶室（区）内操纵开关，无操纵开关或有疑问时检查相关装置
		电子稳定性控制系统*	审查机动车产品公告、机动车出厂合格证、产品使用说明书等技术凭证资料；或观察指示灯
		自动紧急制动系统*	审查机动车产品公告、机动车出厂合格证、产品使用说明书等技术凭证资料；或观察指示灯
		电控制动系统*	审查机动车产品公告、机动车出厂合格证、产品使用说明书等技术凭证资料；或观察指示灯
		车道保持辅助系统*	审查机动车产品公告、机动车出厂合格证、产品使用说明书等技术凭证资料；或观察指示灯
		盘式制动器*	目视检查
		制动间隙自动调整装置	审查机动车产品公告、机动车出厂合格证、产品使用说明书等技术凭证资料
		紧急切断装置*	目视检查
		发动机舱自动灭火装置*	目视检查
		手动机械断电开关*	目视检查，有疑问时操作开关，观察是否断电
		副制动踏板*	目视检查，有疑问时踩下踏板，判断踏板工作是否正常
		校车标志灯和校车停车指示标志牌*	目视检查
		危险货物运输车辆标志*	目视检查
		肢体残疾人操纵辅助装置*	目视检查

(续)

序号	检验项目		检验方法
6	底盘动态检验	制动系统	以不低于20km/h的速度正直行驶，双手轻扶转向盘，急踩制动踏板后迅速放松
		转向系统	检验员操作车辆，起步并行驶20m以上，利用目视、耳听、操作感知等方式检查。对转向盘最大自由转动量和转向力有疑问时，使用转向盘转向力-转向角检测仪测量相关参数
		传动系统	
		仪表和指示器	检验过程中，观察仪表和指示器
7	车辆底盘部件检查*	转向系统部件	车辆停放在地沟上方的指定位置（检验小型微型载客汽车时，可使用举升车辆方式），使用专用锤子等工具检查，并由操作人员配合；大中型客车、重中型货车的转向轴检查时应使用底盘间隙仪
		传动系统部件	
		行驶系统部件	
		制动系统部件	
		其他部件	
8	仪器设备检验	行车制动* 空载制动率	采用滚筒反力式制动检验台、平板制动检验台检验，不适宜用制动检验台检验的车辆用便携式制动性能测试仪等路试设备检验
		行车制动* 空载制动不平衡率	
		行车制动* 加载轴制动率	
		行车制动* 加载轴制动不平衡率	
		驻车制动	
		车轮阻滞率	
		前照灯* 远光发光强度	采用前照灯检测仪检验
		前照灯* 远近光光束垂直偏移	
		车速表指示误差	采用车速表检验台检验
		转向轮横向侧滑量	采用侧滑检验台检验

注：1. 所有检验项目应一次检验完毕，出现不合格项时应继续进行其他项目的检验，但无法继续进行检验的项目除外。
2. 不合格项目复检时应再次比对、确认车辆识别代号。
3. 对汽车进行仪器设备检验时，除检验员外可再乘坐1名送检人员或随车人员。
4. 半挂牵引车可与半挂车组合成铰接列车后同时实施检验，也可单独检验。
5. 机动车安全技术检验时，带"＊"的项目应采用符合GA/T 1434的检验智能终端（PDA）拍摄检验照片（或视频），其数量、内容和清晰度应能满足GA 1186的要求。

四、检验要求

1. 车辆唯一性

1）送检机动车的号牌号码/车辆类型、车辆品牌/型号，应与机动车行驶证签注的内容或机动车出厂合格证（对进口车为海关货物进口证明书、中英文对照表等）一致。

2）车辆识别代号（或整车出厂编号）与机动车出厂合格证（对进口车为海关货物进口证明书、中英文对照表等）、车辆识别代号（或整车出厂编号）拓印膜一致，车辆识别代号的内容和构成应符合 GB 16735 的相关规定；其打刻部位、深度，以及组成字母与数字的字高等应符合 GB 7258 的相关规定，且不应出现被凿改、挖补、打磨、垫片、重新涂漆（设计和制造上为保护打刻的车辆识别代号而采取涂漆工艺的情形除外）、擅自重新打刻等现象。

3）送检机动车的发动机号码（包括发动机型号和出厂编号，或驱动电机号码，对除轮边电机、轮毂电机外的其他驱动电机，如打刻的电机型号和编号被覆盖，应留出观察口，或在覆盖件上增加能永久保持的电机型号和编号的标识）应与机动车出厂合格证（对进口车为海关货物进口证明书、中英文对照表等）一致，并符合 GB 7258 的相关规定。

4）送检机动车的车身颜色和外形应与机动车产品公告照片相符；或与机动车行驶证上的车辆照片和检验监管等信息系统保存的车辆照片相符，且不应出现更改车身颜色、改变车厢形状、改变车辆结构等情形。

2. 联网查询

机动车检验时（含6年以内的免检车辆），联网查询送检机动车事故/违法信息。人工检验时应重点检查损伤部位和损伤情况；对涉及尚未处理完毕的道路交通安全违法行为或道路交通事故的送检机动车，应提醒机动车所有人及时到公安机关交通管理部门处理。

3. 车辆特征参数

1）机动车外廓尺寸实测值不应超出 GB 7258、GB 1589 规定的限值，且误差满足：注册登记检验时汽车（三轮汽车除外）、挂车不超过 ±1% 或 ±50mm，在用机动车检验时，重中型的货车、挂车外廓尺寸误差不超过 ±2% 或 ±100mm。

2）注册登记检验时，机动车的轴距应与机动车产品公告、机动车出厂合格证相符，且误差不超过 ±1% 或 ±50mm；在用机动车检验时，机动车的轴距应与机动车登记信息相符，且误差不超过 ±1% 或 ±50mm。

3）注册登记检验时，机动车的整备质量应与机动车产品公告、机动车出厂合格证相符，且误差满足：重中型的货车、挂车、专项作业车不超过 ±3% 或 ±500kg，轻微型的货车、挂车、专项作业车不超过 ±3% 或 ±100kg，三轮汽车不超过 ±5% 或 ±100kg；在用机动车检验时，货车、挂车的整备质量数据应和历史检验数据相符。

4）核定载人数和座椅布置应符合 GB 7258 的规定，且核定载人数与机动车产品公告、机动车出厂合格证相符，座椅布置应与产品使用说明书等资料相符。在用机动车检验时，机动车的座位（铺位）数应与机动车行驶证签注的内容一致。

5）机动车栏板（含盖）高度不得超出 GB 1589 规定的限值。

6）货车、挂车、专项作业车的后轴钢板弹簧片数应与机动车登记信息一致，且不应有明显"增宽、增厚"情形。

7）客车应急出口的数量、型式、标志应符合 GB 7258、GB 13094、GB 24407 的相关规定；设置为击碎玻璃式的应急窗，应在附近配置应急锤或具有自动破窗功能；当车辆停止时，应急门不用工具应能从车内外很方便打开，并设有车门开启声响报警装置；不应安装有保护装置以外的其他固定、锁止应急门的装置。

8）客车的通道应畅通无障碍，通向应急门的引道宽度应符合 GB 7258、GB 13094、GB 24407 的相关规定。

9）货厢应满足以下要求：

① 车辆不应设置有货厢（货箱）加高、加长、加宽的结构、装置，不应有"拆除厢式货车顶盖""拆除仓栅式货车顶棚杆""平板货车/挂车在平板上有用于固定集装箱等的锁具""栏板货车/挂车在栏板上有方便加高栏板的铰链"等情形。

② 仓栅式载货车辆的载货部位的顶部应安装有与侧面栅栏固定的、不能拆卸和调整的顶棚杆；2018年1月1日起出厂的车辆顶棚杆间的纵向距离应不大于500mm。

③ 自卸式载货车辆的车厢栏板应开闭灵活，锁紧可靠；侧开式车厢栏板与立柱、底板之间以及后开式车厢后栏板与车厢后断面之间应贴合。

④ 厢式载货车辆的货厢的顶部应封闭、不可开启（翼开式车辆除外），其与侧面的连接应采用焊接等永久固定的方式；货厢的后面或侧面应设有固定位置的车门。

⑤ 侧帘式载货车辆应设置有竖向滑动立柱、横向挡货杆、托盘、固货绳钩等防护装置；且车厢内应设置有用于对货物进行必要固定和捆扎的固定装置，帘布锁紧装置应锁紧可靠。

⑥ 所有集装箱车、集装箱运输半挂车的载货部位应采用骨架式结构。

4. 车辆外观检查

（1）车身外观　外观检查如图4-7所示。

1）车身外观应满足以下要求：

① 车身前部外表面的易见部位上应至少装置一个能永久保持，且与车辆品牌/型号相适应的商标或厂标，在用机动车不应更换商标或厂标。

② 保险杠、后视镜、下视镜等部件应完好。

③ 风窗玻璃应齐全，驾驶人视野部位应无裂纹、破损，所有风窗玻璃不应张贴镜面反光遮阳膜。

④ 2019年1月1日起出厂的汽车（无驾驶室的三轮汽车除外）的前风窗玻璃专门用于安装汽车电子标识的微波窗口，不得安装其他装置。

图4-7　外观检查需仔细

⑤ 车体应周正，车体外缘左右对称部位高度差应符合GB 7258的相关规定。

⑥ 车身外部不应有明显的镜面反光现象，不应有任何可能触及行人、骑自行车人等交通参与者的部件、构件，不应有任何可能使人致伤的尖角、锐边等凸起物。

⑦ 车身（车厢）及其漆面不应有明显的锈蚀、破损现象。

⑧ 喷涂、粘贴的标识或车身广告不应影响安全驾驶。

⑨ 2018年1月1日起出厂的车身外部设有广告屏（箱）的汽车和挂车，广告屏（箱）在车辆行驶状态下应处于关闭状态。

2）检验时，相应车辆还应满足以下要求：

① 货车和挂车的货厢安装应牢固，其栏板和底板应规整，强度满足使用要求，装置的安全架应完好无损。

② 校车和车长大于7.5m的其他客车不应设置有车外顶行李架；设置有车外顶行李架的客车，其车外顶行李架长度不超过车长的1/3且高度不超过300mm。

③ 校车、公路客车、旅游客车、设有乘客站立区的客车、发动机中置且宽高比不大于0.9的乘用车的所有车窗玻璃不应张贴有不透明和带任何镜面反光材料的色纸或隔热纸；专

用校车乘客区侧窗结构应符合 GB 24407 的相关规定。

④ 机动车（挂车除外）应在左右至少各设置一面外后视镜，总质量大于 7 500kg 的货车和货车底盘改装的专项作业车应在右侧设置至少各一面广角后视镜和补盲后视镜，车长大于 6m 的平头货车和平头客车在车前应至少设置有一面前下视镜或相应的监视装置；教练车（三轮汽车除外）应安装能使教练员有效观察到车辆两侧及后方的交通状态的辅助后视镜。

⑤ 货车和挂车的载货部分不应设计成可伸缩的结构（中置轴车辆运输列车主车后部的延伸结构除外）或设置有乘客座椅。

⑥ 载货汽车的前风窗玻璃刮水器功能应正常。

⑦ 集装箱运输车辆用于固定集装箱箱体的锁止机构应正常。

⑧ 2019 年 1 月 1 日起出厂的危险货物运输货车、公路客车、旅游客车和未设置乘客站立区的公共汽车应装备单燃油箱，且单燃油箱的容积应不大于 400L。

⑨ 乘用车加装的前后防撞装置及货运机动车加装的防风罩、水箱、工具箱、备胎架，应不影响安全和号牌识别。

⑩ 三轮汽车和摩托车的前、后减振器、转向上下联板和转向把不应有变形和裂损，左右后视镜应齐全有效，座垫、扶手（或拉带）、脚蹬和挡泥板应齐全，且牢固可靠；对无驾驶室的三轮汽车，货厢前部应安装有高出驾驶人座垫平面至少 800mm 的安全架。

⑪ 自学用车的车身两侧外后视镜上方或者车身前部两侧各至少具有一面辅助外后视镜，在车内具有一面辅助内后视镜（原车安装有遮挡内后视镜视野范围的非玻璃材料装置时除外），每面辅助后视镜的反射面面积应不小于原车相应后视镜反射面面积的 50%。辅助后视镜应安装牢固，不应有任何可能使人致伤的尖角、锐边等凸起物。随车指导人员应能完整观察到所有辅助后视镜的反射面，并能通过辅助后视镜有效观察到车辆两侧及后方的交通状态。

3）注册登记检验时，送检机动车还应满足以下要求：

① 货车货厢（自卸车、装载质量 1 000kg 以下的货车除外）前部应安装有比驾驶室高至少 70 mm 的安全架。

② 厢式货车和封闭式货车驾驶室（区）两旁应设置有车窗，货厢部位不得设置车窗（但驾驶室内用于观察货物状态的观察窗、运输特定物品车辆的通气孔除外）。

③ 罐式危险货物运输车辆的罐体顶部应按 GB 7258 要求设置倾覆保护装置，但若罐体顶部无任何附属设备设施或附属设备设施未露出罐体，不应设置倾覆保护装置。

④ 乘用车、旅居车、专用校车和车长小于 6m 的其他客车的前后部应设置有保险杠，货车（三轮汽车除外）应设置有前保险杠。

(2) 外观标识、标注和标牌

1）根据车辆类型和使用性质的不同，外观标识、标注和标牌应满足以下要求：

① 所有货车（半挂牵引车、多用途货车除外）和专项作业车（消防车除外），其驾驶室（区）两侧应喷涂有总质量；所有半挂牵引车，其驾驶室（区）两侧应喷涂有最大允许牵引质量；载货部位为栏板结构的货车（多用途货车除外）和自卸车，驾驶室两侧应喷涂有栏板高度；罐式汽车和罐式挂车（罐式危险货物运输车辆除外）的罐体上应喷涂有允许装运货物的种类及与机动车产品公告和机动车出厂合格证一致的罐体容积；2018 年 1 月 1 日以前出厂的罐式危险货物运输车辆的罐体上喷涂的允许装运货物的名称应与机动车产品公

告和机动车出厂合格证一致；对 2018 年 1 月 1 日起出厂的，罐体或与罐体焊接的支座的右侧应有金属的罐体铭牌，罐体铭牌应标注唯一性编码、罐体设计代码、罐体容积等信息；载货部位为栏板结构的挂车，其车厢两侧应喷涂有栏板高度；冷藏车应在外部两侧易见部位上喷涂或粘贴明显的"冷藏车"字样和冷藏车类别的英文字母；喷涂的中文和阿拉伯数字应清晰，高度应不小于 80mm。

② 所有客车（专用校车和设有乘客站立区的客车除外）及 2018 年 1 月 1 日起出厂的发动机中置且宽高比不大于 0.9 的乘用车的乘客门附近车身外部易见位置，应用高度不小于 100mm 的中文和阿拉伯数字标明该车提供给乘员（包括驾驶人）的座位数；2018 年 1 月 1 日起出厂的具有车底行李舱的客车，应在行李舱打开后前部易见位置设置能永久保持的、标有所有行李舱可运载的最大行李总质量的标识。

③ 专用校车以及喷涂或粘贴专用校车车身外观标识的非专用校车应由校车标志、中文字符"校车"、中文字符"核载人数：××人"、校车编号和校车轮廓标识组成，且应符合 GB 24315 的相关规定。

④ 纯电动汽车、插电式混合动力汽车 B 级电压电路中的可充电储能系统（REESS）应用符合规定的警告标记予以标识。

⑤ 2018 年 1 月 1 日起出厂的最大设计车速小于 70km/h 的汽车（低速汽车、设有乘客站立区的客车除外）应在车身后部喷涂/粘贴表示最大设计车速（单位：km/h）的阿拉伯数字，阿拉伯数字的高度应不小于 200mm，外围应用尺寸相匹配的红色圆圈包围。

⑥ 教练车应在车身两侧及后部喷涂有高度不小于 100mm 的"教练车"字样。

⑦ 气体燃料汽车、两用燃料汽车和双燃料汽车应按 GB/T 17676 的规定标注其使用的气体燃料类型。

⑧ 消防车、救护车、工程救险车和警车的车身颜色应符合相关国家标准或行业标准，警车、消防车、救护车、工程救险车安装使用的标志灯具应齐全、有效，其他机动车不得喷涂、安装、使用上述车辆专用的或者与其相类似的标志图案、警报器或者标志灯具。

⑨ 残疾人专用汽车应在车身前部和后部分别设置残疾人机动车专用标志。

2）注册登记检验时，产品标牌还应满足以下要求：

① 标牌应固定可靠、标注的内容应清晰规范，并符合 GB 7258 的规定。

② 非插电式混合动力汽车的标牌还应标明电动动力系统最大输出功率；纯电动汽车、插电式混合动力汽车、燃料电池汽车还应标明主驱动电机型号和功率，动力蓄电池工作电压和容量，储氢容器形式、容积、工作压力（燃料电池汽车）。

③ 采用气压制动的汽车，应在产品标牌（或车辆易见部位上设置的其他能永久保持的标识）上清晰标示制动响应时间。

④ 采用气压制动的汽车和具有储气筒的挂车，应在产品标牌（或车辆易见部位上设置的其他能永久保持的标识）上清晰标示储气筒额定工作气压的数值。

3）在用机动车检验时，总质量不小于 4 500kg 的货车（半挂牵引车除外）和货车底盘改装的专项作业车（消防车除外）、总质量大于 3 500kg 的挂车，以及车长不小于 6m 的客车（专用校车、警用大型客车除外）均应在其车身（车厢）后部应喷涂/粘贴有符合规定的放大号，无法喷涂/粘贴的平板挂车应设置有符合规定的放大号；总质量不小于 12 000kg 的自卸车还应在车厢左右两侧喷涂放大的号牌号码；受结构限制车厢后部无法粘贴/放置放大的号牌号码时,车厢左右两侧喷涂有放大的号牌号码的,视为满足要求;放大的号牌号码字样应清晰。

(3) 外部照明和信号装置

1) 外部照明和信号装置应满足以下要求:

① 前照灯、前位灯、前转向信号灯、前部危险警告信号灯、示廓灯和牵引杆挂车标志灯等前部照明和信号装置应齐全,工作应正常;前照灯的远、近光光束变换功能应正常。

② 后位灯、后转向信号灯、后部危险警告信号灯、示廓灯、制动灯、后雾灯、后牌照灯、倒车灯、后反射器应齐全,工作应正常;制动灯的发光强度应明显大于后位灯的发光强度。

③ 侧转向信号灯、侧标志灯和侧反射器应齐全,工作应正常。

④ 对称设置、功能相同的灯具的光色和亮度不应有明显差异,转向信号灯的光色应为琥珀色。

⑤ 除转向信号灯、危险警告信号、紧急制动信号、校车标志灯,扫路车、护栏清洗车等专项作业车在作业状态下的指示灯具,以及消防车、救护车、工程救险车和警车安装使用的标志灯具外,其他外部灯具不应有闪烁的情形。

⑥ 对 2014 年 9 月 1 日起出厂的总质量不小于 4 500kg 的货车、专项作业车和挂车,每一个后位灯、后转向信号灯和制动灯的透光面面积应不小于一个 80mm 直径圆的面积;如属非圆形,透光面的形状还应能将一个 40mm 直径的圆包含在内。

⑦ 机动车不应安装遮挡外部照明和信号装置透光面的装置(设计和制造上带有护网、防护罩且配光性能符合要求的灯具除外)。

⑧ 机动车设置的喇叭应能有效发声。

⑨ 2019 年 1 月 1 日起出厂的总质量不小于 12 000kg 的货车,应装备车辆右转弯音响提示装置,并在设计和制造上保证驾驶人不能关闭车辆右转弯音响提示装置。

⑩ 发动机舱内目视可见的电器导线应布置整齐、捆扎成束、固定卡紧,并无破损现象。

2) 注册登记检验时,车辆外部照明和信号装置的数量、位置、光色还应符合 GB 4785 等相关标准的规定。

(4) 轮胎

1) 轮胎应满足以下要求:

① 同轴两侧应装用同一型号、规格和花纹的轮胎,轮胎螺栓、半轴螺栓应齐全、紧固;轮胎规格应与机动车产品公告和机动车出厂合格证(对于在用机动车检验时为机动车登记信息)相符。

② 轮胎的胎面、胎壁不应有长度超过 25mm 或深度足以暴露出轮胎帘布层的破裂和割伤及其他影响使用的缺损、异常磨损和变形,轮胎内侧是否有不规则磨损。

③ 不应出现"螺栓、螺母和螺柱丢失或未扣紧""螺柱孔出现严重磨损""车轮法兰断裂、轮胎锁环断裂或末端互相接触""轮毂损毁或破裂"等情形。

④ 2018 年 1 月 1 日起出厂的客车、货车的车轮及车轮上的所有螺栓、螺母不应安装有碍于检查其技术状况的装饰罩或装饰帽(设计和制造上为防止生锈等情形发生而配备的、易于拆卸及安装的装饰罩和装饰帽除外),且车轮螺母、轮毂罩盖和保护装置不应有任何蝶形凸出物。

⑤ 2020 年 1 月 1 日起出厂的专用校车、车长大于 9m 的未设置乘客站立区的客车及总质量大于 3 500kg 的危险货物运输货车的转向轮应装备轮胎爆胎应急防护装置。

2）根据车辆类型和使用性质的不同，相应车辆轮胎还应满足以下要求：

① 乘用车、挂车轮胎胎冠上花纹深度应不小于 1.6mm，摩托车轮胎胎冠上花纹深度应不小于 0.8mm；其他机动车转向轮的胎冠花纹深度应不小于 3.2mm；其余轮胎胎冠花纹深度应不小于 1.6mm，轮胎胎面磨损标志应可见。

② 公路客车、旅游客车和校车的所有车轮及其他机动车的转向轮不应装用翻新的轮胎。

3）注册登记检验时，送检机动车还应满足以下要求：

① 专用校车应装用无内胎子午线轮胎。

② 危险货物运输车辆及车长大于 9m 的其他客车应装用子午线轮胎。

③ 发动机中置且宽高比不小于 0.9 的乘用车不应使用轮胎名义宽度不大于 155mm 规格的轮胎。

④ 2018 年 1 月 1 日起出厂的车长不大于 7.5m 的公路客车，若设置了符合 GB 7258—2017 中 11.2.8 规定的车内随行物品存放区的，其后轮的轮胎名义宽度应不小于 195mm。

⑤ 使用小规格备胎的小型、微型载客汽车，其备胎附近明显位置（或其他适当位置）应装置有能永久保持的、提醒驾驶人正确使用备胎的标识，标识的相关提示内容应有中文说明。

（5）号牌及号牌安装

1）注册登记检验时，号牌及号牌安装应满足以下要求：

① 车辆应设置能够满足号牌安装要求的前、后号牌板（架），但摩托车只需设置有能满足号牌安装要求的后号牌板（架）；前号牌板（架）应设于前面的中部或右侧（按机动车前进方向），后号牌板（架）应设于后面的中部或左侧。

② 2013 年 3 月 1 日起出厂的车辆，每面号牌板（架）上至少应至少设有 2 个号牌安装孔，且能保证用 M6 规格的螺栓将号牌直接牢固可靠地安装在车辆上。

③ 2016 年 3 月 1 日起出厂的车辆，每面号牌板（架）上应设有 4 个号牌安装孔，且能保证用 M6 规格的螺栓将号牌直接牢固可靠地安装在车辆上。

④ 号牌版（架）应不能翻转。

2）在用机动车检验时，号牌及号牌安装应满足以下要求：

① 机动车号牌字符、颜色、安装等应符合 GA 36 的规定，机动车号牌专用固封装置应符合 GA 804 的规定。

② 机动车号牌应齐全，表面应清晰、整齐、平滑、光洁，着色均匀，不应有明显的皱纹、气泡、颗粒杂质等缺陷或损伤。

③ 机动车应使用机动车号牌专用固封装置固定号牌，固封装置应齐全、安装牢固。

④ 使用号牌架辅助安装时，号牌架内侧边缘距离机动车登记编号字符边缘应大于 5mm，不应使用可拆卸号牌架和可翻转号牌架。

⑤ 不应出现影响号牌正常视认的加装、改装等情形。

（6）加装/改装灯具 车辆不应有加装或改装强制性标准以外的外部照明和信号装置，不应有后射灯，如货车和挂车前向行驶时向后方照亮轮胎或地面的灯具。

5. 安全装置检查

(1) 汽车安全带

1) 注册登记检验时，检查汽车安全带，应满足：

① 乘用车、旅居车、未设置乘客站立区的客车、2018 年 1 月 1 日起出厂的货车（三轮汽车除外）和专项作业车的所有座椅，2018 年 1 月 1 日起出厂的设有乘客站立区的客车的驾驶人座椅和前排乘员座椅均应装备汽车安全带。

② 除三轮汽车外，所有驾驶人座椅、2018 年 1 月 1 日起出厂的乘用车的所有乘员座椅（设计和制造上具有行动不便乘客乘坐设施的乘用车设置的后向座椅除外）、2018 年 1 月 1 日起出厂的总质量不大于 3 500kg 的其他汽车的所有外侧座椅、2018 年 1 月 1 日起出厂的其他汽车（设有乘客站立区的客车除外）的前排外侧乘员座椅，装备的汽车安全带均应为三点式（或全背带式）汽车安全带。

③ 专用校车和专门用于接送学生上下学的非专用校车的每个学生座位（椅）及卧铺客车的每个铺位均应装备两点式汽车安全带。

④ 汽车安全带应可靠有效，安装位置应合理，固定点应有足够的强度；2018 年 1 月 1 日起出厂的车辆，对于能够折叠以方便进入车辆的后部或行李舱的整体座椅或座垫或靠背，在折叠并恢复座椅到乘坐位置后，依据车辆产品使用说明书，单人就能方便地使用这些座椅配套的安全带，或很容易从这些座椅的下面或后面方便地进行恢复。

⑤ 乘用车（单排座的乘用车除外）应至少有一个座椅配置符合规定的 ISOFIX 儿童座椅固定装置，或至少有一个后排座椅能使用汽车安全带有效固定儿童座椅。

⑥ 2018 年 1 月 1 日起出厂的设计和制造上具有行动不便乘客（如轮椅乘坐者）乘坐设施的载客汽车、装备有担架的救护车，应装备能有效固定轮椅、担架的安全带或其他约束装置。

2) 注册登记检验时，检查汽车安全带佩戴提醒装置，应满足：

① 2019 年 1 月 1 日起出厂的乘用车的汽车安全带佩戴提醒装置应能通过视觉和声觉信号报警。

② 2020 年 1 月 1 日起出厂的汽车（乘用车、三轮汽车除外）应装备驾驶人汽车安全带佩戴提醒装置。

3) 在用机动车检验时，配备的所有汽车安全带应完好且能正常使用，不得出现"座垫套覆盖遮挡安全带""安全带绑定在座位下面""使用安全带插扣"等情形。

(2) 应急停车安全附件

1) 汽车（无驾驶室的三轮汽车除外）应配备三角警告牌，三角警告牌的外观、形状应符合 GB 19151 的要求。

2) 2018 年 1 月 1 日起出厂的汽车（无驾驶室的三轮汽车除外）应配备 1 件汽车乘员反光背心。

3) 2018 年 1 月 1 日起出厂的车长不小于 6m 的客车和总质量大于 3 500kg 的货车，应装备至少 2 个停车楔（如三角垫木）。

(3) 灭火器

1) 客车、旅居车和危险货物运输车辆配备的灭火器应在使用有效期内，不应出现欠压失效等情形，配备数量应符合 GB 7258 等相关标准的要求。

2）注册登记检验时，专用校车的驾驶人附近应配置1具不少于2kg重的ABC干粉灭火器，专用校车中至少一个照管人员附近，应配置1具不少于2kg重的ABC干粉灭火器，2018年1月1日起出厂的其他客车的手提式灭火器配置应符合GB 34655的规定。

（4）行驶记录装置

1）检查以下车辆应安装有符合要求的行驶记录装置（包括：汽车行驶记录仪或行驶记录功能符合GB/T 19056的卫星定位装置等），且行驶记录装置的连接、固定应可靠，显示功能应正常，汽车行驶记录仪主机外壳的易见部位应加有符合规定的3C标志：

① 公路客车、旅游客车、危险货物运输货车、校车。

② 2013年3月1日起注册登记的未设置乘客站立区的公共汽车、半挂牵引车、总质量不小于12 000kg的货车。

③ 2018年1月1日起出厂的设有乘客站立区的客车。

④ 2019年1月1日起出厂的公路客车、旅游客车、未设置乘客站立区的公共汽车、校车、设有乘客站立区的客车以外的其他客车。

2）检查以下车辆应安装车内外录像监控系统，且功能应正常。

① 卧铺客车。

② 2013年5月1日起出厂的专用校车。

③ 2018年1月1日起出厂的设有乘客站立区的客车。

（5）车身反光标识

1）货车（多用途货车除外）、货车底盘改装的专项作业车和挂车（设置有符合规定的车辆尾部标志板的专项作业车、旅居挂车除外）后部车身反光标识的粘贴要求和材料类型（反光膜型或反射器型）应符合GB 7258、GB 23254的规定，反射器型车身反光标识固定应可靠。

2）所有货车（半挂牵引车、多用途货车除外）、货车底盘改装的专项作业车和挂车（旅居挂车除外），侧面粘贴的车身反光标识应符合GB 23254的规定。

3）粘贴/安装的车身反光标识应印有符合规定的3C标志。

（6）车辆尾部标志板

1）2012年9月1日起出厂的总质量不小于12 000kg的货车（半挂牵引车除外）和车长大于8.0m的挂车，以及2014年1月1日起出厂的总质量不小于12 000kg的货车底盘改装的专项作业车，应安装车辆尾部标志板。

2）车辆尾部标志板的形状、尺寸、布置和固定应符合GB 25990的规定。

（7）防护装置

1）防护装置安装应牢固、无变形，且满足以下要求：

① 总质量大于3 500kg的货车、货车底盘改装的专项作业车和挂车，其装备的侧面及后下部防护装置应正常有效，货车列车的牵引车和挂车之间装备的侧面防护装置应正常有效。

② 罐式危险货物运输车辆的罐体及罐体上的管路和管路附件不应超出车辆的侧面及后下部防护装置，且罐体后封头及罐体后封头上的管路和管路附件外端面与后下部防护装置内侧在车辆长度方向垂直投影的距离应不小于150mm。

③ 货车和挂车的侧面防护装置的下缘离地高度、防护范围和前缘形式及后下部防护装置的离地高度、宽度、横截面宽度应符合GB 11567的规定。

④ 总质量大于 7 500kg 的货车、货车底盘改装的专项作业车的前下部防护装置应正常有效。

2）注册登记检验时，防护装置的外观、结构、尺寸、安装要求还应与机动车产品公告相符。

（8）应急锤　采用密闭钢化玻璃式应急窗的客车，在相应的应急窗邻近应配备一个应急锤；2019 年 1 月 1 日起出厂的公路客车、旅游客车和未设置乘客站立区的公共汽车的外推式应急窗邻近处应配置应急锤。

（9）急救箱　校车应配备急救箱，急救箱应放置在便于取用的位置并确保有效适用。

（10）车速限制/报警功能或装置

1）公路客车、危险货物运输货车、旅游客车及车长大于 9m 的未设置乘客站立区的公共汽车，应具有限速功能或配备限速装置；车长不小于 6m 的客车，应具有超速报警功能（但具有符合规定的限速功能或限速装置的除外）。

2）2018 年 1 月 1 日起出厂的车长大于 9m 的其他客车（除公路客车、旅游客车、未设置乘客站立区的公共汽车的客车）应具有限速功能或配备限速装置。

3）2019 年 1 月 1 日起出厂的车长不小于 6m 的旅居车应具有限速功能或配备限速装置。

4）2019 年 1 月 1 日起出厂的三轴及三轴以上货车（具有限速功能或配备有限速装置，且限速功能或装置符合规定的除外）应具有超速报警功能。

（11）防抱制动装置　以下车辆应装备防抱制动装置，且配备的防抱制动装置自检功能应正常：

① 道路运输爆炸品和剧毒化学品车辆，以及 2012 年 9 月 1 日起出厂的其他危险货物运输货车。

② 2005 年 2 月 1 日起注册登记的总质量大于 12 000kg 的公路客车和旅游客车、总质量大于 10 000kg 的挂车、总质量大于 16 000kg 允许挂接总质量大于 10 000kg 的挂车的货车。

③ 2012 年 9 月 1 日起出厂的半挂牵引车及车长大于 9m 的公路客车、旅游客车。

④ 2013 年 5 月 1 日起出厂的专用校车。

⑤ 2013 年 9 月 1 日起出厂的车长大于 9m 的未设置乘客站立区的公共汽车。

⑥ 2014 年 9 月 1 日起出厂的总质量不小于 12 000kg 的货车和专项作业车。

⑦ 2015 年 7 月 1 日起出厂的发动机中置且宽高比不大于 0.9 的乘用车。

⑧ 2018 年 1 月 1 日起出厂的其他乘用车和客车，以及总质量大于 3 500kg 且小于 12 000kg 的货车和专项作业车（五轴及五轴以上专项作业车除外）、总质量大于 3 500kg 的挂车。

⑨ 2019 年 1 月 1 日起出厂的总质量不大于 3 500kg 的货车（三轮汽车除外）和专项作业车。

（12）辅助制动装置

1）注册登记检验时，以下车辆应安装缓速器或其他辅助制动装置：

① 2012 年 9 月 1 日起出厂的车长大于 9m 的客车（对专用校车为车长大于 8m）、总质量大于 3 500kg 的危险货物运输货车、总质量不小于 12 000kg 的货车。

② 2014 年 9 月 1 日起出厂的总质量不小于 12 000kg 的专项作业车。

2）2019 年 1 月 1 日起出厂的装备电涡流缓速器的汽车，电涡流缓速器的安装部位应设置温度报警系统或自动灭火装置。

（13）电子稳定性控制系统　2020年1月1日起出厂的车高不小于3.7m的未设置乘客站立区的客车应装备电子稳定性控制系统。

（14）自动紧急制动系统　2021年1月1日起新定型的车长大于11m的公路客车和旅游客车应装备符合标准规定的自动紧急制动系统。

（15）电控制动系统　2021年1月1日起新定型的总质量不小于12 000kg的危险货物运输货车应装备电控制动系统（EBS）。

（16）车道保持辅助系统　2022年1月1日新定型的车长大于11m的公路客车和旅游客车应装备符合标准规定的车道保持辅助系统。

（17）盘式制动器　注册登记检验时，以下车辆应装备盘式制动器：

① 2012年9月1日起出厂的危险货物运输货车的前轮、车长大于9m的客车（未设置乘客站立区的公共汽车除外）的前轮。

② 2013年5月1日起出厂的专用校车的前轮。

③ 2013年9月1日起出厂的车长大于9m的未设置乘客站立区的公共汽车的前轮。

④ 2019年1月1日起出厂的危险货物运输半挂车的所有车轮。

⑤ 2020年1月1日起出厂的三轴栏板式、三轴仓栅式半挂车的所有车轮。

（18）制动间隙自动调整装置　注册登记检验时，2018年1月1日起出厂的以下车辆的所有行车制动器应装备制动间隙自动调整装置：

① 客车。

② 总质量大于3 500kg的货车和专项作业车（具有全轮驱动功能的货车和专项作业车除外）。

③ 总质量大于3 500kg的挂车。

④ 危险货物运输车辆。

（19）紧急切断装置　用于运输液体危险货物的罐式危险货物运输车辆应按GB 18564.1等规定安装紧急切断装置，且从2019年1月1日起出厂的车辆紧急切断装置的自动关闭或提示报警功能应符合GB 7258的要求。

（20）应装备发动机舱自动灭火装置有车辆

① 2013年5月1日起出厂的专用校车。

② 2013年3月1日起出厂的发动机后置的其他客车。

③ 2019年1月1日起出厂的发动机前置且位于前风窗玻璃之后的其他客车。

④ 2018年1月1日起出厂的除了①、②、③规定客车外的其他客车。

（21）手动机械断电开关　2013年3月1日起出厂的车长不小于6m的客车，应设置能切断蓄电池和所有电路连接的手动机械断电开关。

（22）副制动踏板　教练车（三轮汽车除外）和自学用车装备的副制动踏板应牢固、动作可靠有效。自学用车装备的副制动踏板的脚踏面积应不小于主制动踏板的脚踏面积，应通过连杆或拉索等机械结构与主制动踏板连接、确保联动，安装和布置不得影响主制动踏板、加速踏板的正常操作，其组件不应与车辆其他部件发生干涉、摩擦。

（23）校车标志灯和校车停车指示标志牌　校车配备的校车标志灯和校车停车指示标志牌应齐全、有效。

（24）危险货物运输车辆标志

1）危险货物运输车辆应装置符合 GB 13392 规定的标志（包括标志灯和标志牌），标志灯正面为等腰三角形状，由灯罩、安装底板或永磁橡胶衬垫及紧固件构成，标志牌的材质为金属板材、形状为菱形；悬挂的标志牌应与所运载危险货物（一种危险货物具有多重危险性时与主要危险性，多种危险货物混装时与主要危险货物的主要危险性）的类、项相对应，与标志灯同时使用。

2）道路运输爆炸品和剧毒化学品车辆应粘贴符合 GB 20300 规定的橙色反光带并设置安全标示牌，安全标示牌的内容应与车辆类型相适应。

（25）肢体残疾人操纵辅助装置 加装肢体残疾人操纵辅助装置的汽车，操纵辅助装置铭牌标明的产品型号和产品编号应与操纵辅助装置加装合格证明或机动车行驶证记载的产品型号和产品编号一致。

6. 底盘动态检验

（1）转向系统 车辆的转向盘应转动灵活，操纵方便，无卡滞现象，最大自由转动量应符合 GB 7258 的相关规定；对于使用转向把的三轮汽车、摩托车，转向轮转动应灵活。

（2）传动系统 车辆换档应正常，变速器倒档应能锁止；离合器接合应平稳、无打滑、分离不彻底等现象。

（3）制动系统 车辆正常行驶时无车轮阻滞、抱死现象；制动时制动踏板动作应正常、响应迅速，转向盘无抖动，无跑偏现象。

（4）仪表和指示器 车辆配备的车速表等各种仪表和指示器不应有异常情形。

7. 车辆底盘部件

（1）转向系统部件

1）各部件不应松动。

2）横、直拉杆不应有拼焊、损伤、松旷、严重磨损等情况。

3）转向过程中不应有干涉或摩擦现象。

（2）传动系统部件

1）变速器等部件应连接可靠。

2）传动轴、万向节及中间轴承和支架不应有裂纹和松旷现象，不应有漏油现象。

（3）行驶系统部件

1）车桥不应有裂纹。

2）车架纵梁、横梁不应有明显变形、损伤，铆钉、螺栓不应缺少或松动。

3）钢板吊耳及销不应松旷，中心螺栓、U 形螺栓不应松旷。

4）车桥与悬架之间的拉杆和导杆不应松旷和移位，减振器不应漏油。

（4）制动系统部件

1）制动系统应无擅自改动，不应从制动系统获取气源作为加装装置的动力源。

2）制动主缸、轮缸、管路等不应漏气、漏油，制动软管不应有明显老化、开裂、被压扁、鼓包等现象。

3）制动系管路与其他部件无摩擦和固定松动现象。

（5）其他部件

1）发动机的固定应可靠。

2）排气管、消声器应安装牢固、不应有漏气现象，排气管口不得指向车身右侧（如受结构限制排气管口必须偏向右侧时，排气管口中心线与机动车纵向中心线的夹角应不大于 15°）和正下方（对于 2020 年 1 月 1 日起生产的汽车若排气管口朝下则其气流方向与水平面的夹角应不大于 45°）；客车的排气尾管如为直式的，排气管口应伸出车身外蒙皮；专门用于运送易燃和易爆物品的危险货物运输车辆，排气管应装在罐体/箱体前端面之前、不高于车辆纵梁上平面的区域，并安装机动车排气火花熄灭器，机动车尾部应安装接地端导体截面积不小于 $100mm^2$ 的导静电橡胶拖地带，且拖地带接地端无论空、满载应始终接地。

3）电器导线应布置整齐、捆扎成束、固定卡紧，并无破损现象。

4）燃料箱应固定可靠，不应漏油；燃料管路与其他部件不应有碰擦，不应有明显老化。

5）承载式车身底部应完整，不应有影响车身强度的变形和破损。

6）轮胎内侧不应有严重磨损、割伤、腐蚀。

8. 仪器设备检验

（1）行车制动

1）台试空载检验行车制动性能时，应符合 GB 7258—2017 中 7.11.1 的相关要求。

2）对于总质量大于 750kg 的挂车台试空载制动性能检验时，应同时满足以下要求：

① 组合成的汽车列车检验结果符合 GB 7258—2017 中 7.11.1 的相关要求。

② 挂车的整车制动率应符合 GB 7258—2017 中 7.11.1.1 的要求。

③ 各轴制动不平衡率符合 GB 7258—2017 中 7.11.1.2 的要求。

3）对于三轴及三轴以上的多轴货车，加载轴的轴制动率应不小于 50%，加载轴制动不平衡率符合 GB 7258—2017 中 7.11.1.2 的要求。

4）对于并装双轴、并装三轴的挂车，组成汽车列车加载轴的轴制动率应不小于 45%，加载轴制动不平衡率符合 GB 7258—2017 中 7.11.1.2 的要求。

5）路试检验行车制动性能时，应符合 GB 7258—2017 中 7.10.2 的相关要求。

（2）驻车制动

1）台试检验驻车制动性能时（旅居挂车、驻车制动使用电子控制装置的除外），应符合 GB 7258—2017 中 7.11.2 的相关要求。

2）路试检验驻车制动性能时（旅居挂车、驻车制动使用电子控制装置的除外），应符合 GB 7258—2017 中 7.10.3 的相关要求。

（3）车轮阻滞率

台试检验货车（三轮汽车除外）车轮阻滞率时，应符合 GB 7258—2017 中 7.11.1.4 的相关要求。

（4）前照灯

1）前照灯远光发光强度应符合 GB 7258—2017 中 8.5.2 的相关要求。

2）注册登记检验时，前照灯（自适应前照灯除外）远近光光束垂直偏移应符合 GB 7258—2017 中 8.5.3 的相关要求。

3）在用机动车检验时，大中型客车、重中型货车的前照灯（自适应前照灯除外）远近光光束垂直偏移应符合 GB 7258—2017 中 8.5.3 的相关要求。

(5) 车速表指示误差　注册登记检验时（对于轴荷超过仪器设备限值采用路试制动检验时除外），车速表指示误差应符合 GB 7258—2017 中 4.11 的相关要求。

(6) 转向轮横向侧滑量　对前轴采用非独立悬架的汽车（前轴采用双转向轴，以及轴荷超过仪器设备限值采用路试制动检验时除外），转向轮横向侧滑量应符合 GB 7258—2017 中 6.10 的相关要求。

五、检验结果处置

1. 检验结果的评判

授权签字人应逐项确认检验结果并签注整车检验结论。检验结论分为合格、不合格。送检机动车所有检验项目的检验结果均合格的，判定为合格；否则判定为不合格。

2. 检验合格处置

1）机动车安全技术检验机构应出具《机动车安全技术检验报告》，报告一式三份，一份交机动车所有人（或者由送检人转交机动车所有人），一份提交车辆管理所作为机动车安全技术检验合格证明，一份留存检验机构。

2）机动车安全技术检验机构应按 GB/T 26765、GA 1186 的要求传递数据及图像。

3）机动车安全技术检验机构应妥善保管《机动车安全技术检验报告》《机动车安全技术检验表（人工检验部分）》《机动车安全技术检验表（仪器设备检验部分）》、车辆识别代号（或整车出厂编号）的拓印膜或照片（注册登记检验时保存拓印膜，在用机动车检验时保存车辆识别代号照片）等资料，保存时间最短不得少于 2 年。

3. 检验不合格处置

1）机动车安全技术检验机构应出具《机动车安全技术检验报告》，并注明所有不合格项目。

2）机动车安全技术检验机构应通过拍照、摄像或保存数据等方式对不合格项取证留存备查。

3）机动车安全技术检验机构应按 GB/T 26765、GA 1186 的要求传递数据及图像。

4. 异常情形处置

1）发现送检机动车有拼装、非法改装、被盗抢、走私嫌疑时，机动车安全技术检验机构及其检验员应详细登记该送检机动车的相关信息，拍照、录像固定证据，通过机动车安全技术检验监管系统上报，并报告当地公安机关交通管理部门处理。

2）注册登记检验时，发现送检机动车的车辆特征参数、安全装置不符合 GB 1589、GB 7258 等机动车国家安全技术标准、机动车产品公告、机动车出厂合格证时，应拍照、录像固定证据，详细登记送检机动车的车辆类型、品牌/型号、车辆识别代号（或整车型号和出厂编号）、发动机号码（或驱动电机号码）、整车生产厂家、生产日期等信息，通过机动车安全技术检验监管系统上报。

3）在用机动车检验时，发现送检机动车的轴荷、整备质量、外廓尺寸、发动机型号等参数与登记数据、历史检验数据差异明显时，机动车安全技术检验机构及其检验员应重点核查，并详细登记该送检机动车的相关信息，拍照、录像固定证据，通过机动车安全技术检验监管系统上报。

小资料

汽车工业的发展阶段

现代汽车已发展了 100 多年，汽车工业的发展可分为以下几个阶段：

1) 汽车发明和开发试验时期（1886 年—1910 年）。这个时期的汽车基本上是手工制造的，成本高、寿命短、只为少数富人所有。汽车诞生地在德国，而世界早期汽车工业中心则在法国巴黎。

2) 汽车技术性能不断完善时期（1911 年—1940 年）。在这个时期，汽车各个方面不断取得技术进步，汽车的行驶速度、安全性能和使用寿命大为提高，成为发达国家公众日常生活中的重要交通工具和亲密伙伴。汽车工业的中心迅速向美国转移，美国成为汽车工业的霸主。

3) 汽车技术迅速发展时期（1941 年—1960 年）。在这个时期，汽车在各发达国家大量地进入人们的生活，其技术性能面临更高的要求。汽车及发动机的理论研究和设计被提高到了重要地位，并根据不同用途而严格分类，系列生产，质量达到相当高的水平，步入技术成熟阶段。

4) 汽车综合技术及高科技广泛应用时期（20 世纪 60 年代以后）。在这个时期，从空气动力学、人体工程学到自动化技术、材料加工技术，汽车综合了各工业门类的众多技术，造型细腻，曲线流畅，动力澎湃，操作安全，乘坐舒适，成为现代工业发展的象征。世界汽车工业形成了美、日、欧三足鼎立的格局，中国汽车工业逐渐崛起。

第四节 核发汽车检验合格标志

一、核发检验合格标志流程

机动车所有人可以在机动车检验有效期满前 3 个月内，向车辆管理所申请检验合格标志。

申请前，机动车所有人应当将涉及该车的道路交通安全违法行为和交通事故处理完毕。申请时，机动车所有人应当提交行驶证、机动车交通事故责任强制保险凭证（在购买保险时，需提供车船税纳税或免税证明）、机动车安全技术检验合格证明。

车辆管理所应当自受理之日起 1 日内，确认机动车，审查提交的证明、凭证，核发检验合格标志。

已注册登记的机动车参加定期安全技术检验合格的，车辆管理所办理核发检验合格标志的业务流程为：查验岗审查《机动车牌证申请表》、行驶证、机动车安全技术检验合格证明、机动车交通事故责任强制保险凭证；查验机动车。符合规定的，在机动车查验记录表上签字。对机动车的交通安全违法行为和交通事故处理情况进行核查；录入相关信息；制作检验合格标志；在行驶证副页上签注检验记录，对行驶证副页签注信息已满的，收回原行驶证，重新制作行驶证；将行驶证、检验合格标志交机动车所有人。

2018年9月1日起，机动车（大型客车、校车和道路危险货物运输车辆除外）实行跨省（自治区、直辖市）异地检验，申领检验合格标志，无需办理任何委托检验手续，实现全国范围"通检"。对6年内免检车辆，申请人可直接通过"交管12123" App在线申领，也可以跨省异地申领检验标志。

二、补领或换领检验合格标志

机动车检验合格标志灭失、丢失或者损毁的，机动车所有人应当持行驶证向机动车登记地或者检验合格标志核发地车辆管理所申请补领或者换领。车辆管理所应当自受理之日起1日内补发或者换发。

办理补领、换领检验合格标志的，车辆管理所须审查《机动车牌证申请表》和行驶证，核对登记信息，在安全技术检验合格和交通事故责任强制保险有效期内的，补发检验合格标志。

小资料

吉普的得名

1941年吉普（图4-8）正式投产时，美国陆军称之为"四轮驱动载质量1/4t的指挥侦察车"，当时这种车通常又被称为威利斯万能车（General Purpose Willys）。其缩写为GPW，没过多久又缩写为GP，中文译过来就是"吉普"。

图4-8 最早的吉普

关于"吉普"这种车名的语源，另有一种较为流行的说法是：早在1937年，美国漫画家斯格（E. C. Segar）在他的受到广泛欢迎的关于大力士水手——珀湃（Popeye）的滑稽戏连环画中，画了一种叫做"尤金吉普"（Eugene the Jeep）的似犬非犬的奇怪动物。它的本领大，"知道所有答案，知过去未来，又能做很多的事，还可以隐形"。这种虚构的动物，会发出"吉普、吉普"的怪叫。尤金吉普喜欢到处乱跑，机智勇敢并又善于应付各种突如其来的险境且屡屡化险为夷。或许正因士兵们希望看到他们所驾驶的汽车也有同样的特点，所以后来美国陆军的士兵就引用了漫画中这种奇怪动物的名字"Jeep"，来形象地命名以这种 4 缸 33.1kW 的发动机作为动力,各种路面都能行走,具有多种用途,用时还很结实的敞篷小型军用汽车。

还有传闻说,威利斯的试车员莱德,曾在华盛顿的新闻发布会上提及将所试车称为"Jeep"。于是,在 1941 年 2 月 20 日的《华盛顿日报》上,著名记者凯瑟林·希尔拍摄的"Jeep"照片便赫然登上了报纸,照片标题为"吉普爬上了国会的台阶","吉普"便由此得名。

也有人说 Jeep 是由通信、侦察、联络、指挥 4 个拉丁单词的第一个字母组成的。

1950 年 6 月 30 日,"吉普"最终成为威利斯公司的一个国际性的汽车注册商标。

第五节 进口汽车检验

《进口汽车检验管理办法》于 1999 年 11 月 22 日国家出入境检验检疫局令第 1 号发布。根据 2018 年 4 月 28 日海关总署令第 238 号《海关总署关于修改部分规章的决定》第一次修正;根据 2018 年 5 月 29 日海关总署第 240 号令《海关总署关于修改部分规章的决定》第二次修正。

海关总署主管全国进口汽车检验监管工作,进口汽车入境口岸海关负责进口汽车入境检验工作,用户所在地海关负责进口汽车质保期内的检验管理工作。对转关到内地的进口汽车,视通关所在地口岸,由通关所在地海关按照本办法负责检验。

进口汽车的收货人或者代理人在货物运抵入境口岸后,应当凭合同、发票、提(运)单、装箱单等单证以及有关技术资料向口岸海关报检。

进口汽车入境口岸海关对进口汽车的检验包括:一般项目检验、安全性能检验和品质检验。

一般项目检验:在进口汽车入境时逐台核查安全标志,并进行规格、型号、数量、外观质量、随车工具、技术文件和零备件等项目的检验。

安全性能检验:按国家有关汽车的安全环保等法律法规、强制性标准和《进出口机动车辆检验规程 第 4 部分:汽车产品》(SN/T 1688.4—2013)实施检验。

品质检验:品质检验及其标准、方法等应在合同或合同附件中明确规定,进口合同无规定或规定不明确的,按《进出口机动车辆检验规程 第 4 部分:汽车产品》(SN/T 1688.4—2013)检验。

整批第一次进口的新型号汽车总数大于 300 台(含 300 台,按同一合同、同一型号、同一生产厂家计算)或总值大于 100 万美元(含 100 万美元)的必须实施品质检验。批量总数小于 300 台或总值小于 100 万美元的新型号进口汽车和非首次进口的汽车,海关视质量情况,对品质进行抽查检验。品质检验的情况应抄报海关总署及有关主管海关。

海关对进口汽车的检验,可采取海关自检、与有关单位共同检验和认可检测单位检验等方式,由海关签发有关检验单证。

对大批量进口汽车,外贸经营单位和收用货主管单位应在对外贸易合同中约定在出口国装运前进行预检验、监造或监装，海关可根据需要派出检验人员参加或者组织实施在出口国的检验。

经检验合格的进口汽车，由口岸海关签发《入境货物检验检疫证明》，并一车一单签发《进口机动车辆随车检验单》；对进口汽车实施品质检验的，《入境货物检验检疫证明》须加附《品质检验报告》。

经检验不合格的，海关出具检验检疫证书，供有关部门对外索赔。

进口汽车的销售单位凭海关签发的《进口机动车辆随车检验单》等有关单证到当地工商行政管理部门办理进口汽车国内销售备案手续。

用户在国内购买进口汽车时必须取得海关签发的《进口机动车辆随车检验单》和购车发票。在办理正式牌证前，到所在地海关登检、换发《进口机动车辆检验证明》，作为到车辆管理机关办理正式牌证的依据。

第六节 案例分析

一、擅自改装车辆应承担事故责任

【案例】

某建筑公司驾驶人梁某，受公司指派驾驶重型货车到某市的钢厂运输钢筋。因运输需要，梁某将驾驶的货车做了改装，又将一节四轮车架连接到车后架。梁某驾驶经过自行改装的货车到达钢厂后，装上了长达25m的钢筋。装货后，梁某为赶时间，准备连夜返回公司。当其行至一个十字路口时，于某正好骑自行车通过该路口。由于天黑，路口又没有照明设施，于某见货车车头已过，误认为该车已全部通过，就骑车横穿马路，不慎撞在车架与加长的自接车架的结合处。由于惯性，于某连人带车倒在车轮下，被货车自接车架的右侧两轮碾轧，当场死亡。当地的机动车检测部门经过检测，证实该肇事车辆的安全机件不合格，所载的超长钢筋也未按有关规定配置警示灯。于某的家人向法院起诉要求驾驶人梁某和其所在的公司承担民事赔偿责任。梁某在法庭上辩称，公司在出车前已经申请了超长通行证，自己没有过失，是于某不认真看路，自己撞在车上造成了死亡的结果，自己不应担负责任。

此次交通事故的责任应当由谁承担？

【分析】

法院经审理认为，驾驶人梁某虽然持有公安机关交通主管部门颁发的超长通行证，但该车属于未经登记擅自改装车辆的情况，且其非法改装车辆的行为与此次交通事故的发生有直接的联系，所以，此次交通事故的责任应当由机动车驾驶人和所有人承担。作为机动车的驾驶人，梁某在明知自己驾驶的是经过非法改装的、安全性能差的车辆情况下，本应当更加注意，谨慎行驶，但其未对路边的自行车骑行人于某加以注意，没有采取确保其安全的措施，故应对此次交通事故负全部责任。

表面上看，自行车骑行人于某在此次交通事故中也有疏忽大意的过失，但其过失是由于该加长车辆在搭载的超长货物上未按规定设置警示灯造成的。由于该车未按规定在加长部分安装警示灯，才致使于某误以为机动车已经通过，横穿马路，恰好撞在车后架与四轮车架的结合处，这说明于某按照自己的常识，对车辆结构作出的判断是正确的。由于天黑，又没有照明设施，于某没有注意到该车超长这一特殊情况属于正常现象，不存在过失，不应承担责任。

二、私自改装前照灯违法应承担责任

【案例】

某晚，林某的丈夫方某驾驶轿车与江某驾驶的大货车相撞，造成方某的轿车严重损坏，方某当场死亡的重大交通事故。交通事故发生后，公安交警大队作出《交通事故认定书》认定：方某驾车占线行驶，应负交通事故的主要责任；江某驾驶不符合要求的车辆，应负交通事故的次要责任。原告林某向法院提起民事诉讼称，被告江某在车前违法安装具有强烈聚光和聚焦性能的强光型前照灯，并严重超速行驶，使方某在炫目、暂时性失明情况下无法及时采取制动和避让措施，导致交通事故的发生，故江某应负此次交通事故的主要责任，请求法院判令被告赔偿其经济损失 152 130 元。

被告江某答辩称，原告称其使用具有强烈聚光和聚焦性能的强光型前照灯和严重超速行驶而造成这次交通事故的发生，不符合事实。此次交通事故不是由其过错造成，而是由于方某占线行驶导致的。

被告某汽运公司是江某车辆的挂靠单位，法院追加其为共同被告。汽运公司答辩称，江某不是其单位的职工，江某驾驶的汽车归其个人所有，江某与方某驾驶的轿车相撞造成的经济损失，其不应承担任何责任。

此次交通事故的责任该由谁承担？车辆挂靠方是否应承担连带赔偿责任？

【分析】

法院经审理认为，被告江某安装使用超出国家规定标准的远光灯和近光灯，这种灯具有强烈聚光和聚焦的性能，在夜间行车时会给相对行驶车辆的驾驶人造成极大的视力障碍，会造成对方短时间的失明。方某占线是因被告江某使用超标灯所致，故江某应负本案 80% 的责任；方某因采取措施不当，也应负本案 20% 的责任。某公安交警大队在处理该交通事故时仅以方某占线为由，让方某承担该交通事故的主要责任，未考虑因被告使用违反国家规定的前照灯，在夜间行驶中会给对方造成视力障碍这一引起交通事故发生的直接原因，是不妥的，应予更正。车辆挂靠方以被挂靠方名义所从事的活动对被挂靠方发生效力，被挂靠方应对外承担民事赔偿责任或承担挂靠方连带赔偿责任，因此被告某汽运公司对江某应履行的款项负连带清偿责任。

三、好心借车出事故负连带赔偿责任

【案例】

被告邓某无证驾驶被告王某所有的二轮摩托车，与相向骑自行车的原告罗某相撞，造成两车损坏，原告与被告邓某受伤的交通事故。事故发生后，双方因赔偿事宜未达成调解协议，故原告诉至法院要求两被告赔偿其医疗费等 17 884 元。

王某是否应承担连带赔偿责任？

【分析】

　　法院审理认为，被告邓某无证驾驶车辆上路，未确保安全行驶，应负主要赔偿责任。原告罗某骑自行车上路行驶，未遵循右侧通行原则，应负次要责任。原告要求赔偿医疗费等项目，符合法律规定，被告邓某应在自己的责任范围内承担赔偿责任，被告王某未将自己的车辆管理好，擅自交给无驾驶资格的人驾驶，应承担连带赔偿责任。

第五章 汽车报废与回收

第一节 汽车的报废

一、汽车报废

报废汽车，是指根据《中华人民共和国道路交通安全法》的规定应当报废的汽车。具体讲，报废汽车是指达到国家报废标准，或者虽未达到国家报废标准，但发动机或者底盘严重损坏，经检验不符合国家机动车运行安全技术条件或者国家机动车污染物排放标准的汽车。

二、汽车报废标准

商务部发布的《机动车强制报废标准规定》，于 2013 年 5 月 1 日起施行。

1. 各类机动车的使用年限

1）小、微型出租客运汽车使用年限为 8 年，中型出租客运汽车使用年限为 10 年，大型出租客运汽车使用年限为 12 年。

2）租赁载客汽车使用年限为 15 年。

3）小型教练载客汽车使用年限为 10 年，中型教练载客汽车使用年限为 12 年，大型教练载客汽车使用年限为 15 年。

4）公交客运汽车使用年限为 13 年。

5）其他小、微型营运载客汽车使用年限为 10 年，大、中型营运载客汽车使用年限为 15 年。

6）专用校车使用年限为 15 年。

7）大、中型非营运载客汽车（大型轿车除外）使用年限为 20 年。

8）三轮汽车、装用单缸发动机的低速货车使用年限为 9 年，装用多缸发动机的低速货车以及微型载货汽车使用年限为 12 年，危险品运输载货汽车使用年限为 10 年，其他载货汽车（包括半挂牵引车和全挂牵引车）使用年限为 15 年。

9）有载货功能的专项作业车使用年限为 15 年，无载货功能的专项作业车使用年限为 30 年。

10）全挂车、危险品运输半挂车使用年限为 10 年，集装箱半挂车年限为 20 年，其他半挂车使用年限为 15 年。

11）正三轮摩托车使用年限为 12 年，其他摩托车使用年限为 13 年。

危险品运输载货汽车是指专门用于运输剧毒化学品、爆炸品、放射性物品和腐蚀性物品等危险品的车辆。

2. 无使用年限限制的汽车

小、微型非营运载客汽车、大型非营运轿车和轮式专用机械车无使用年限限制。

非营运载客汽车是指个人或者单位不以获取利润为目的的自用载客汽车。

3. 使用年限的计算

机动车使用年限起始日期按照注册登记日期计算，但自出厂之日起超过 2 年未办理注册登记手续的，按照出厂日期计算。

4. 变更使用性质或者转移登记的机动车使用年限和报废

变更使用性质是指使用性质由营运转为非营运或者由非营运转为营运，小、微型出租、租赁、教练等不同类型的营运载客汽车之间的相互转换，以及危险品运输载货汽车转为其他载货汽车。

1）营运载客汽车与非营运载客汽车相互转换的，按照营运载客汽车的规定报废，但小、微型非营运载客汽车和大型非营运轿车转为营运载客汽车的，应按照公式［累计使用年限＝原状态已作用年＋（1－原状态已作用年/原状态作用年限）×状态改变后年限］核算累计使用年限，且不得超过 15 年。

2）不同类型的营运载客汽车相互转换，按照使用年限较严的规定报废。

3）小、微型出租客运汽车和摩托车需要转出登记所属地省、自治区、直辖市范围的，按照使用年限较严的规定报废。

4）危险品运输载货汽车、半挂车与其他载货汽车、半挂车相互转换的，按照危险品运输载货车、半挂车的规定报废。

5）距本规定要求使用年限 1 年以内（含 1 年）的机动车，不得变更使用性质、转移所有权或者转出登记地的所属地市级行政区域。

5. 引导报废

达到下列行驶里程的机动车，其所有人可以将机动车交售给报废机动车回收拆解企业，由报废机动车回收拆解企业按规定进行登记、拆解、销毁等处理，并将报废的机动车登记证书、号牌和行驶证交公安机关交通管理部门注销：

1）小、微型出租客运汽车行驶 60 万 km，中型出租客运汽车行驶 50 万 km，大型出租客运汽车行驶 60 万 km。

2）租赁载客汽车行驶 60 万 km。

3）小型和中型教练载客汽车行驶 50 万 km，大型教练载客汽车行驶 60 万 km。

4）公交客运汽车行驶 40 万 km。

5）其他小、微型营运载客汽车行驶 60 万 km，中型营运载客汽车行驶 50 万 km，大型营运载客汽车行驶 80 万 km。

6）专用校车行驶 40 万 km。

7）小、微型非营运载客汽车和大型非营运轿车行驶 60 万 km，中型非营运载客汽车行驶 50 万 km，大型非营运载客汽车行驶 60 万 km。

8）微型载货汽车行驶 50 万 km，中、轻型载货汽车行驶 60 万 km，重型载货汽车（包括半挂牵引车和全挂牵引车）行驶 70 万 km，危险品运输载货汽车行驶 40 万 km，装用多缸发动机的低速货车行驶 30 万 km。

9）专项作业车、轮式专用机械车行驶 50 万 km。

10）正三轮摩托车行驶 10 万 km，其他摩托车行驶 12 万 km。

 小资料

德国汽车的年检与报废

在德国，对于车辆什么时候该报废，并无一定的年限或里程的标准和规定。

一般来说，在德国，新车在 3 年内是不用年检的；3 年之后，每 2 年必须进行一次年检。德国的年检称为 HU。汽车如果通过了 HU 检测以及另外一种称为 AU（即尾气排放）的检测，就可以继续使用；不能通过就该报废了。当然，老爷车例外，无需通过尾气排放的检测。

第二节 报废汽车的回收

报废汽车的回收，依据国务院发布的《报废机动车回收管理办法》（国务院第 715 号令）执行。《报废机动车回收管理办法》于 2019 年 4 月 22 日公布，自 2019 年 6 月 1 日起施行。

一、报废汽车回收管理机关

国务院负责报废机动车回收管理的部门主管全国报废机动车回收（含拆解，下同）监督管理工作，国务院公安、生态环境、工业和信息化、交通运输、市场监督管理等部门在各自的职责范围内负责报废机动车回收有关的监督管理工作。

县级以上地方人民政府负责报废机动车回收管理的部门对本行政区域内报废机动车回收活动实施监督管理。县级以上地方人民政府公安、生态环境、工业和信息化、交通运输、市场监督管理等部门在各自的职责范围内对本行政区域内报废机动车回收活动实施有关的监督管理。

目前，国务院负责报废机动车回收管理的部门是商务部。

二、报废汽车回收企业资质认定

国家对报废机动车回收企业实行资质认定制度。未经资质认定，任何单位或者个人不得从事报废机动车回收活动。

取得报废机动车回收资质认定，应当具备下列条件：具有企业法人资格；具有符合环境保护等有关法律、法规和强制性标准要求的存储、拆解场地，拆解设备、设施以及拆解操作规范；具有与报废机动车拆解活动相适应的专业技术人员。

拟从事报废机动车回收活动的，应当向省、自治区、直辖市人民政府负责报废机动车回收管理的部门提出申请。省、自治区、直辖市人民政府负责报废机动车回收管理的部门应当依法进行审查，对符合条件的，颁发资质认定书；对不符合条件的，不予资质认定并书面说明理由。

三、报废汽车回收

任何单位或者个人不得要求机动车所有人将报废机动车交售给指定的报废机动车回收企业。

报废机动车回收企业对回收的报废机动车,应当向机动车所有人出具《报废机动车回收证明》,收回机动车登记证书、号牌、行驶证,并按照国家有关规定及时向公安机关交通管理部门办理注销登记,将注销证明转交机动车所有人。

《报废机动车回收证明》样式由国务院负责报废机动车回收管理的部门规定。任何单位或者个人不得买卖或者伪造、变造《报废机动车回收证明》。

报废机动车回收企业对回收的报废机动车,应当逐车登记机动车的型号、号牌号码、发动机号码、车辆识别代号等信息;发现回收的报废机动车疑似赃物或者用于盗窃、抢劫等犯罪活动的犯罪工具的,应当及时向公安机关报告。

报废机动车回收企业不得拆解、改装、拼装、倒卖疑似赃物或者犯罪工具的机动车或者其发动机、方向机、变速器、前后桥、车架(以下统称"五大总成")和其他零部件。

回收的报废机动车必须按照有关规定予以拆解;其中,回收的报废大型客车、货车等营运车辆和校车,应当在公安机关的监督下解体。

拆解的报废机动车"五大总成"具备再制造条件的,可以按照国家有关规定出售给具有再制造能力的企业经过再制造予以循环利用;不具备再制造条件的,应当作为废金属,交售给钢铁企业作为冶炼原料。

拆解的报废机动车"五大总成"以外的零部件符合保障人身和财产安全等强制性国家标准,能够继续使用的,可以出售,但应当标明"报废机动车回用件"。

拆解报废机动车,应当遵守环境保护法律、法规和强制性标准,采取有效措施保护环境,不得造成环境污染。

禁止任何单位或者个人利用报废机动车"五大总成"和其他零部件拼装机动车,禁止拼装的机动车交易。

除机动车所有人将报废机动车依法交售给报废机动车回收企业外,禁止报废机动车整车交易。

> **小资料**
>
> **国外汽车的报废回收**
>
> 国外汽车报废回收的过程一般为:被回收的车辆进入报废汽车回收工厂;放掉油箱的汽油和机油;牌照由相关部门检验签字;破坏"五大总成",对可利用或销售的零部件进行筛选后入库;钢铁进行压块处理后出售给钢铁回收部门;织物及布料作垃圾处理。目前,德国汽车回收率已接近100%,法国、美国等国家报废汽车的再利用率也已达到了95%。图5-1和图5-2所示分别为国外汽车报废回收场图和国外汽车报废回收拆解图。

图5-1 国外汽车报废回收场

图 5-2　国外汽车报废回收拆解

第三节　案例分析

一、挤公交车发生的交通事故

【案例】

何某驾驶一辆面包车送人到公交车站，以便乘坐公交车去火车站。何某将车停靠在市区繁华地段的一公交车站牌旁边后，下车到行李舱中取行李时，一辆公交车驶来，准备驶进该车站。公交车驾驶人葛某见公交车站的停车位被何某占去一半，先是减速，准备将车停于面包车的后面，后来想到其他车也可能要进站，又左打转向盘想从面包车的左侧绕过，停在面包车的前面。站牌下候车的乘客见到公交车进站，一拥而上，奔向该公交车；见车要往前开，有些已经走到车门前的乘客又随之绕过面包车往前跑，乘客肖某就是其中一位。但是肖某在绕过面包车时奔跑太急，一个踉跄摔倒在地，正好倒在公交车右侧后车轮下，被碾轧致死。

公交车驾驶人葛某、公交车公司和面包车驾驶人何某，是否应连带承担肖某死亡的民事责任？

【分析】

何某将面包车停在公交车站牌旁，占去了一半的公交车位，违反了道路交通安全法律、法规的规定，妨碍了公交车进站载客，以致公交车进站时无法正常停放。车站人多拥挤，何某应当能够预见到自己的行为可能造成公交车无法正常进站，使公交车站更为拥挤，甚至出现危险的情况，却过于自信地认为暂时停车"不会出什么事"，他的行为是一种过于自信的过失行为，应对交通事故的发生负一定的责任。

公交车驾驶人葛某在进站停车时改变停车意图，一开始打算将车停于面包车的后面，后又将车向前驱动，试图将车停于面包车的前方，是造成公交站点候车人蜂拥追车的直接原因。驾驶人葛某在面对人群时非但不减速，反而驾车迎人群而上，是交通事故发生的直接原因。

乘客肖某登车心切，在追车的过程中，不注意自身的安全，也有一定的过错，没有尽到保护自身安全的义务,是造成交通事故发生的另一个原因。肖某违反了应在确保安全的情况下通行的规定,这种过失是受害人自身的过失。即使在机动车与行人的交通事故中,机动车一方应承担无过失责任,但如果行人未尽到保护自身安全的义务,则应适用过失相抵原则。只有这样才能对行人起到有效的警示作用,使他们谨慎行事,从而能够有效地降低交通事故的发生概率。相反,如果行人自认为只要发生交通事故,机动车一方就承担严格责任,自己有无过失都没关系,有些行人就会放松警惕,甚至违反交通规则,使交通事故率上升。

行人所要履行的保护自身安全的义务与机动车要履行的保护他人安全的义务在道路交通安全法中是相辅相成的,都为他们要履行的法律义务,但法律对他们设定各自义务的目的却不完全相同。对行人而言,因为在以机动车交通为主的现代交通环境下,行人的血肉之躯无法与铁皮包裹的高速运输工具——机动车相抗衡,所以非机动车、行人相对机动车一方而言是弱者,法律规定的其义务是为了保护其自身安全其所应承担的义务;而机动车相对非机动车、行人而言是强者,法律规定的他们的义务则是保护他人安全的义务,机动车一旦未能尽到保护他人安全的义务,无论有无过失,都要承担责任,而非机动车、行人未尽到保护自身安全的义务,也要承担责任,即过失相抵。

法院经审理认为,本案的起因是何某违规停车,《中华人民共和国道路交通安全法》第56条规定:"机动车应当在规定地点停放……在道路上临时停车的,不得妨碍其他车辆和行人通行。"何某为了自己送的人登车方便,将车停放在公交车站牌下,占用了公交车的正常停车位置,对交通事故的发生负有重要的责任。公交车驾驶人葛某先是准备将车停在面包车后面,在乘客已经准备上车时,又临时决定变动停车位置,造成了乘客追车的危险情况,对交通事故的发生也负有不可推卸的责任。受害人肖某未能在确保自身安全的情况下追车,违反了《中华人民共和国道路交通安全法》第38条的规定:"车辆、行人……应当在确保安全、畅通的原则下通行"的义务,负有次要责任。最终,法院判决该起交通事故由面包车车主何某和公交车驾驶人葛某承担同等责任,肖某的过失行为可抵消双方负有的一定责任,因此双方对肖某的死亡各承担40%的责任,另20%由肖某承担。因葛某在发生交通事故时在执行本单位即公交公司的任务,因此他的赔偿责任应由其所在单位即公交公司承担。

二、避险过当应承担责任

【案例】

黎某驾车在市区的一条主干道上正常行驶。当黎某行至某厂门口时,杨某骑自行车从厂内冲出并横穿马路,欲骑入对面的人行道回家。黎某开始没有注意到杨某,未采取任何防范措施。当与杨某的自行车接近时,黎某才有警觉。在慌乱中,黎某急忙向左打轮,以避免撞上杨某。汽车于是越过道路中心双实线进入逆行车道。还没等黎某回过神来,汽车又冲入了道路另一侧的非机动车道,将正在正常骑行中的骑自行车人吴某撞倒。汽车从吴某的身上轧过,致其当场死亡。吴某的家人遂以黎某和杨某为被告,追究其对吴某死亡应承担的民事责任。

【分析】

本案中杨某突然骑车横过马路的行为是引起紧急避险发生的危险源。黎某为避免撞上杨某向左打轮进入逆行车道应属于紧急避险行为,但黎某为避免杨某被撞伤或撞死,却将吴某撞死。本案中危险制造人杨某和避险人黎某存在以下过失行为:一是杨某横穿马路时没有先观察道路情况，在确保安全的情况下再通过，造成了交通事故的险情；二是机动车驾驶人黎某在险情发生前，没有尽到机动车驾驶人的职业注意义务，及早排除险情，也有一定的过错；三是黎某采取紧急避险措施时，在车已进入逆行车道后未立即采取制动措施，致使其所驾驶的车辆又沿逆行车道方向冲入非机动车道，将处于正常行驶状态下的骑自行车人吴某当场轧死，故黎某的处置措施属于避险不当。

法院经审理认为，黎某在开车过程中，应对路面发生的异常情况保持高度的警惕，但他只是在快接近杨某时才发现对方存在过失；在看到杨某后，黎某向左打轮欲避开杨某的行为属于紧急避险，但其未能妥当处置，造成吴某的死亡，属于避险过当。杨某骑车过马路时未走人行横道，也未能在确保安全的情况下通过，故对交通事故的发生负有一定的责任。最终，法院判决黎某和杨某对吴某的死亡承担同等责任，各自承担50%的民事赔偿责任。

三、行人横穿道路发生交通事故谁承担责任

【案例】

行人曹某步行横过道路时，恰遇刘某驾驶小客车在主路车道内行驶。刘某发现曹某时与之相距约100m，采取的措施是鸣笛、轻踩制动踏板而未及时踩死制动踏板；避让曹某时与曹某所行方向一致。在采取措施过程中刘某认为曹某可以快速前行避开其车辆，但最终小客车前部与曹某身体接触，造成曹某当场死亡、小客车受损。曹某的家人以刘某为被告，向法院提起诉讼要求其承担全部赔偿责任。

刘某是否应承担全部赔偿责任？

【分析】

首先，曹某穿行道路的行为违反了《中华人民共和国道路交通安全法》的相关规定，将其自身和他人的生命安全置于极其危险的境地，是交通事故发生的直接原因；其次，刘某在紧急状况下采取了一系列应变措施，制动、鸣笛、避让，基本达到了作为机动车驾驶人在遇到紧急状况时所应做出的必然反应，但刘某在采取措施过程中确有不当之处。曹某行为违法以及刘某采取了应变措施，共同构成减轻刘某应负赔偿责任的条件。刘某、曹某应分别承担这起交通事故50%的责任。

第六章

汽车销售管理

《汽车销售管理办法》是为促进汽车市场健康发展，维护公平公正的市场秩序，保护消费者合法权益而制定的。2017年2月20日商务部第922次部务会议审议通过，自2017年7月1日起施行。

《汽车销售管理办法》从根本上打破了汽车销售品牌授权单一体制，允许授权销售和非授权销售两种模式并行，为破除品牌垄断、促进市场充分竞争、创新流通模式创造了良好的营商环境。销售汽车就不再必需汽车品牌商授权，汽车超市、汽车卖场、汽车电商等将会成为新的汽车销售形式。

第一节 销售行为规范

一、汽车销售

从事汽车销售及其相关服务活动应当遵循合法、自愿、公平、诚信的原则。

销售汽车的供应商、经销商，应当建立完善的汽车销售和售后服务体系，保证相应的配件供应，提供及时、有效的售后服务，严格遵守家用汽车产品"三包"、召回等规定，确保消费者合法权益。

供应商、经销商销售汽车、配件及其他相关产品应当符合国家有关规定和标准，不得销售国家法律、法规禁止交易的产品。

经销商应当在经营场所以适当形式明示销售汽车、配件及其他相关产品的价格和各项服务收费标准，不得在标价之外加价销售或收取额外费用。

经销商应当在经营场所明示所出售的汽车产品质量保证、保修服务及消费者需知悉的其他售后服务政策，出售家用汽车产品的经销商还应当在经营场所明示家用汽车产品的"三包"信息。

经销商出售未经供应商授权销售的汽车，或者未经境外汽车生产企业授权销售的进口汽车，应当以书面形式向消费者作出提醒和说明，并书面告知向消费者承担相关责任的主体。未经供应商授权或者授权终止的，经销商不得以供应商授权销售汽车的名义从事经营活动。

售后服务商应当向消费者明示售后服务的技术、质量和服务规范。

供应商、经销商不得限定消费者户籍所在地，不得对消费者限定汽车配件、用品、金